Guide pour l'élection présidentielle 2022

À propos de l'auteur :

Ancien élève de l'École Normale Supérieure, docteur de l'Université Polytechnique Fédérale de Lausanne en mathématiques et ancien diplômé d'Oxford en mathématiques et en informatique, Gaspard Ohlmann est enseignant chercheur à l'Université de Bale. Après avoir voté parfois à droite, et parfois à gauche, il se considère comme non-aligné politiquement. En tant que mathématicien, il tente de faire preuve de rigueur et d'honnêteté intellectuelle dans ce livre, ce qui manque, selon lui, en politique.

À propos de la version Ebook :

Il est tout à fait possible de lire ce livre dans sa version Ebook. Néanmoins, le chapitre consacré au programme a été pensé de manière que les pages paires se retrouvent à la gauche des pages impaires. Ainsi, les propositions énumérées sur la page 55 répondent aux critères représentés sur la page 54, et ainsi de suite.

Guide pour l'élection présidentielle 2022

© 2022 Gaspard Ohlmann

Édition : BoD – Books on Demand,
12/14 rond-point des Champs-Élysées, 75008 Paris
Impression : BoD - Books on Demand, Norderstedt, Allemagne

Illustration : Gaspard Ohlmann

ISBN : 978-2-3223-9242-1
Dépôt légal : Février 2022

Table des matières

I - Préface introductive **8**

II – Fiches thématiques **10**

   Le point sur les finances publiques.. *10*
   Le point sur l'industrie.. *12*
   Le point sur la santé.. *14*
   Le point sur l'immigration.. *16*
   Le point sur l'Education.. *18*
   Le point sur l'enseignement supérieur et la recherche.. *20*
   Le point sur l'écologie.. *22*
   Le point sur la sécurité et la justice.. *24*

III – Programmes des candidats **27**

   Jean-Luc Mélenchon.. *27*
   Yannick Jadot.. *37*
   Valérie Pécresse.. *47*
   Éric Zemmour.. *57*
   Marine Le Pen.. *67*

IV - Quiz **77**

V – Sources **84**

I - Préface introductive

Enseignant chercheur à l'université de Bâle, je suis avant tout citoyen français. En tant que scientifique, je m'indigne du manque de clarté, de rigueur et de précision dans la communication des programmes des différents candidats, ainsi que de la mauvaise foi de certains journalistes. C'est à croire que tout est fait pour qu'il soit impossible de voter en connaissance de cause. Après avoir rencontré beaucoup de difficulté à trouver les programmes et connaître en toute objectivité l'opinion des principaux candidats sur différents sujets, j'ai décidé d'écrire ce livre. J'ai cherché à mettre la lumière sur les opinions et les réponses des candidats sur les thèmes centraux et qui préoccupent le plus les Français, tout en révélant des aspects inconnus du grand public.

J'ai parfois voté à droite, et parfois à gauche. En réalité, je ne savais pas exactement ce qu'il y avait dans les programmes. Et je n'étais visiblement pas le seul ! En effet, lorsque Macron a annoncé sa réforme des retraites, qui comporte la retraite par points et la suppression des régimes spéciaux, des réticences massives ont donné lieu à une forte mobilisation. C'était pourtant dans son programme initial, mais les Français le savaient-ils ? Et Emmanuel Macron souhaitait-il que les Français le sachent ?

Les calomnies des opposants, l'idéologie de certains journalistes et la diabolisation, sont devenues telles que j'ai ressenti le besoin d'aller moi-même m'informer. C'est la raison pour laquelle j'ai accordé une attention particulière aux sources auxquelles je me suis référé. De même, les constats des hommes politiques et des diverses sources d'informations sur certains sujets diffèrent tant les uns des autres, que j'ai décidé de rédiger des fiches thématiques. Elles ont été réalisées en recalculant et retraçant des courbes à partir des données brutes disponibles dans des études indépendantes ou mises à disposition par des organismes indépendants. Il me paraissait impossible de comprendre les mesures des candidats, quand certains affirment que les violences et la délinquance explosent, tandis que d'autres prétendent qu'elles n'ont jamais été aussi basses. On entend également que l'immigration est massive au point de remplacer le peuple français, tandis que d'autres expliquent que la proportion d'immigrés n'augmente pas.

J'ai choisi de ne pas sélectionner tous les candidats pour écrire ce livre. Le critère que je me suis fixé est le suivant : seuls ont été choisis les candidats dont les scores dépassent 5% sur plusieurs mois dans des sondages d'instituts différents. D'une part, ce critère est totalement objectif et se fonde sur l'intérêt direct des Français pour le candidat. D'autre part, il est sensé car la grande majorité des candidats qui n'ont pas été choisis ne disposent pas aujourd'hui d'un programme qui apporte des réponses sur tous les thèmes qui sont abordés dans ce livre. Il aurait donc été impossible de leur faire subir le même exercice qu'aux autres. Par ailleurs, Emmanuel Macron n'étant pas candidat à l'élection présidentielle, et n'ayant par conséquent pas annoncé de programme de candidature, nous avons choisi de ne pas lui consacrer de section dans ce livre. L'ordre choisi pour les candidats est « de gauche à droite ». On retrouve ainsi Jean Luc Mélenchon en premier, et Marine Le Pen en dernier. Nous avons considéré qu'Éric Zemmour se situait entre Valérie Pécresse et Marine Le Pen, puisque ses soutiens proviennent majoritairement soit des Républicains, soit du Rassemblement National. Le choix de cet ordre est néanmoins en partie arbitraire.

Enfin, il convient de rappeler qu'il s'agit ici de promesses de candidature. Dans la plupart des cas, les anciens Présidents ont respecté l'esprit de leur programme de candidature. Néanmoins, un programme sera toujours meilleur qu'un bilan, certaines mesures restant au statut de promesses de campagnes. La réalité que rencontrent les hommes politiques, le fait qu'ils n'aient pas les pleins pouvoirs, et les crises ponctuelles qui apparaissent, les empêchent parfois de mener à bien certaines mesures. Il est donc important de garder à l'esprit que les programmes seront sans doute respectés en partie comme ils l'ont été par le passé, mais que certaines mesures seront peut-être modifiées ou même abandonnées. Il est plus facile de proposer des mesures aux Français avant l'élection que de les mettre en œuvre une fois élu, et lorsqu'un candidat a changé d'avis plusieurs fois sur un sujet, il est parfois sage de garder une certaine prudence.

II – Fiches thématiques

Le point sur les finances publiques

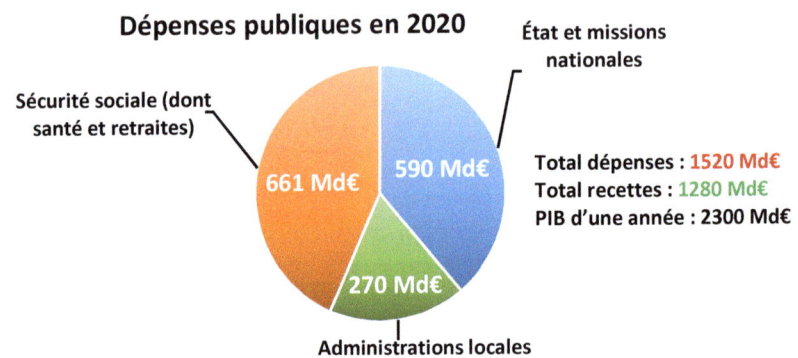

La France est la championne des prélèvements obligatoires (taxes, charges, etc.) avec un taux de prélèvements de **48,4%** la richesse totale produite selon Eurostat contre par exemple **40%** pour l'Allemagne. Les chiffres varient selon la méthode de calcul mais la tendance reste la même, avec la France en tête de l'Europe. L'État a donc une place plus importante en France que dans d'autres pays, mais il offre aussi de meilleures aides sociales, et investit davantage dans ses services publics, par exemple.

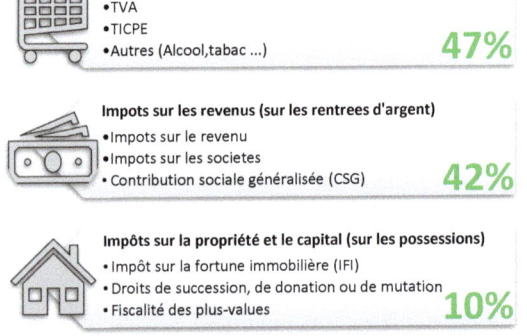

La source principale de revenus de l'État est l'impôt indirect sur les biens de consommation, qui ne dépend pas du niveau de revenus. Il est suivi de près par l'impôt direct sur les personnes et les entreprises. Enfin, les impôts sur les possessions ne représentent que 10 %. Ils sont souvent considérés comme justes, mais ont surtout une valeur symbolique.

La **dette française** est actuellement de **116,3 %** du PIB. Elle était de 97% en 2019, de 85 % en 2010, de 67 % en 2008 et de 59 % en 2000. Elle n'a donc cesse d'augmenter rapidement. Le rôle assumé par l'État est très vaste, allant de la subvention de l'agriculture, à la sante, aux retraites, à la culture, à la mémoire des anciens combattants ...

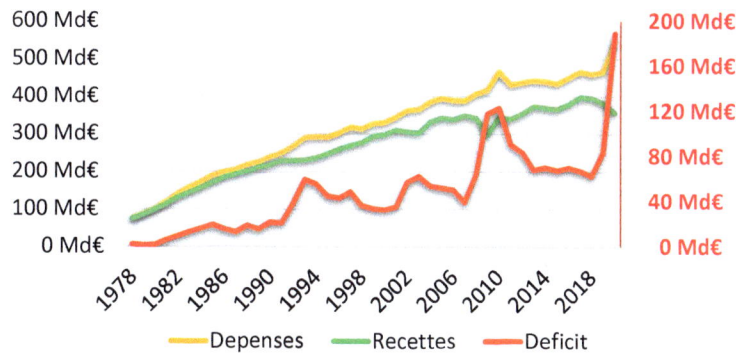

Le déficit budgétaire de l'État est devenu très important et inquiétant. Ce phénomène est bien sûr amplifié largement par la crise du COVID, qui a amené l'État à prendre des mesures d'urgence, mais reste une tendance constante depuis des années. Une possible cause fréquemment considérée est le déficit du commerce extérieur.

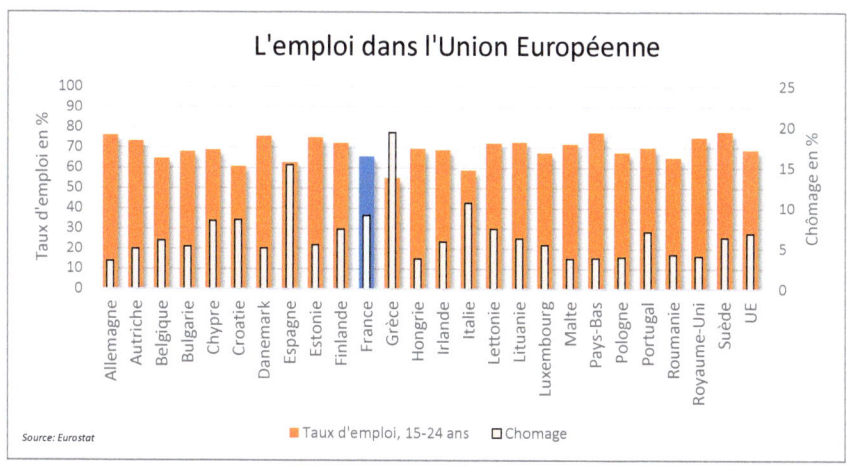

Une autre cause fréquemment considérée est le ratio d'actif et d'inactif. La France a une proportion d'actifs assez faible. 65 % de la population de 18 à 64 ans travaille, contre 76 % en Allemagne[1]. En revanche, il serait faux de dire que les Français travaillent moins que les Allemands, puisqu'en moyenne, un travailleur français travaille 1558 heures par an, contre 1577 heures pour un Allemand, ce qui fait une différence de 1,3 % seulement. (Source : Eurostat 2019). La quantité de richesse produite par travailleur est également similaire.

---

[1] Les chiffres varient selon la méthode de calcul mais la tendance reste la même.

Le point sur l'industrie

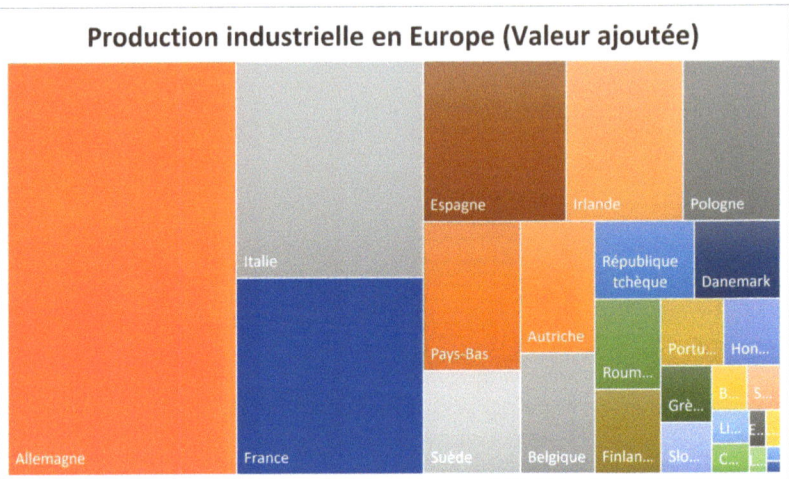

La France est une grande puissance industrielle, et se place troisième en Europe, et huitième au niveau mondial. L'Allemagne est loin devant, et représente plus que la France et l'Italie réunies.

Si l'on regarde par rapport au niveau de richesse en revanche, la France est derrière l'Allemagne, l'Italie et l'Espagne. Ceci s'explique par un déclin de longue date de la proportion de l'industrie en France.

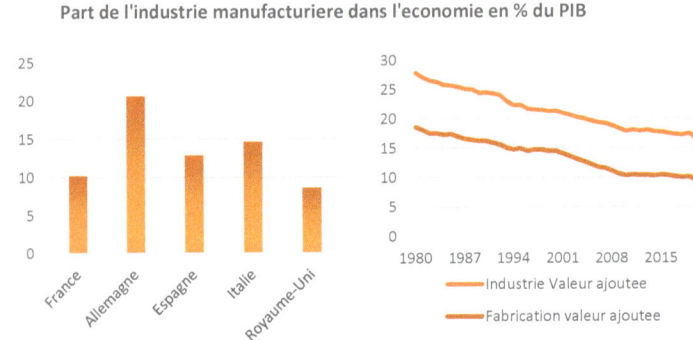

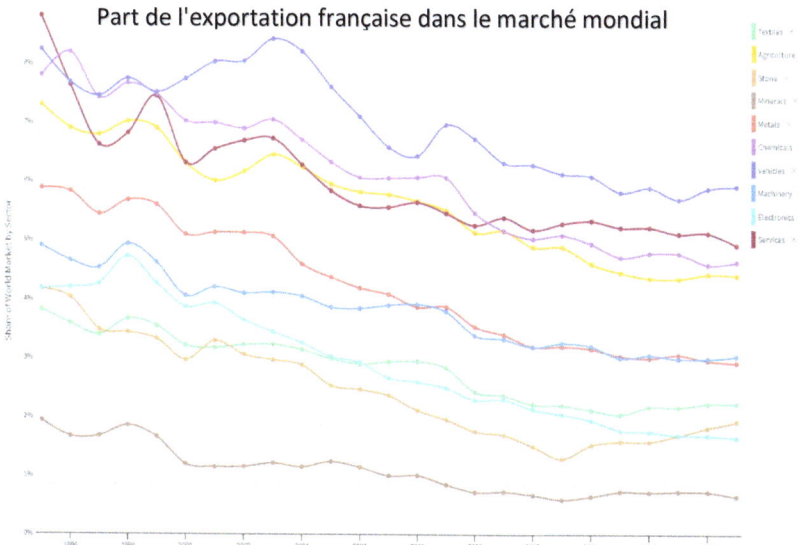

Une conséquence de la désindustrialisation de la France est le recours à l'importation massive, et le déclin des exportations. Dans presque tous les secteurs, les parts de marché de la France ont diminué à l'échelle mondiale. Ceci est à mettre en perspective avec le développement d'autres puissances industrielles, comme la Chine.

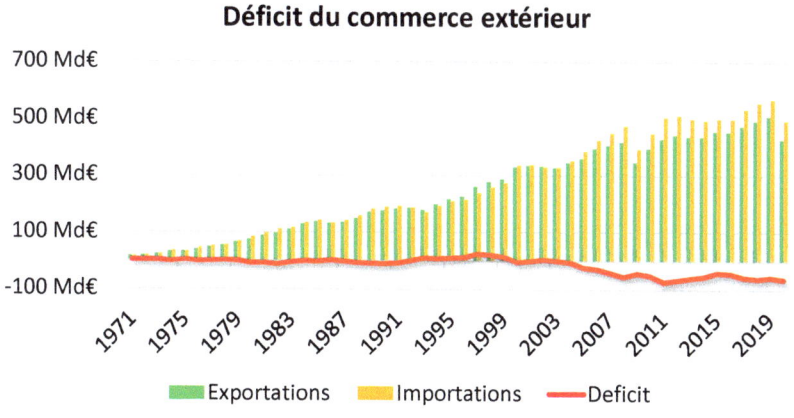

Malgré des exportations qui restent tout de même importantes, le déficit du commerce extérieur est donc en forte hausse à partir des années 2000, ce qui est une source d'appauvrissement et d'endettement pour la France et les Français.

Le point sur la santé

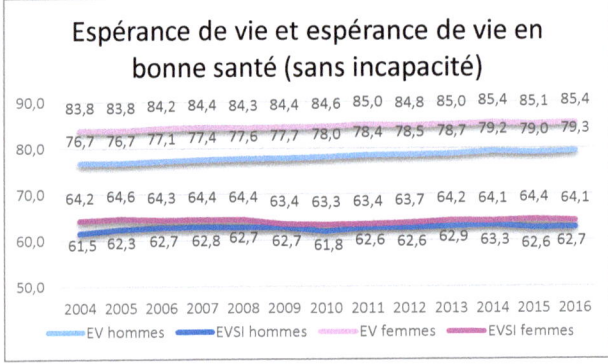

La France reste un pays développé sur le plan de la santé. Elle se classe 9ème en espérance de vie sur 183 pays.

Ses dépenses de santé sont comparables à celles d'autres pays riches similaires : Allemagne, Canada, Japon, Suède, Suisse.

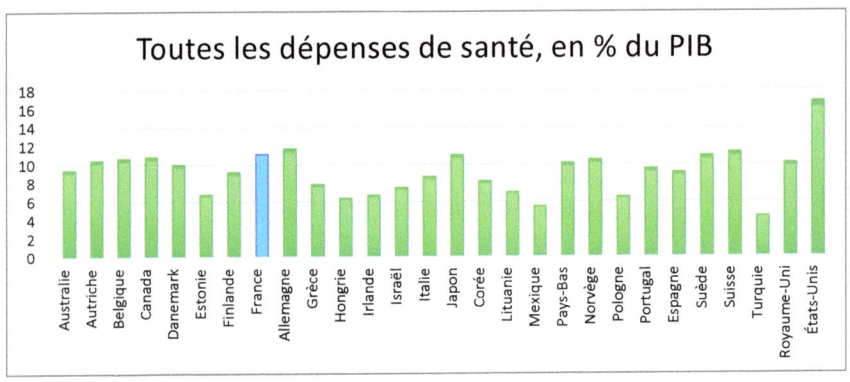

La France est un pays où la qualité des soins pour les maladies graves ou les urgences est élevée.

C'est par exemple un des pays où les chances de survie lors d'un cancer sont les plus élevées.

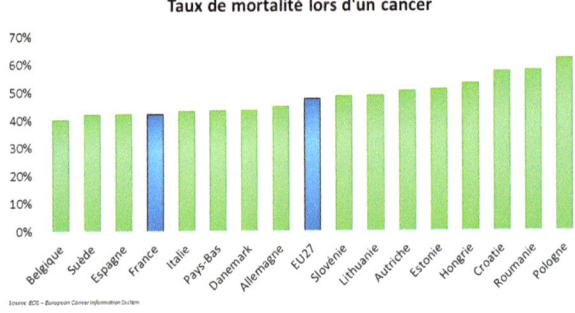

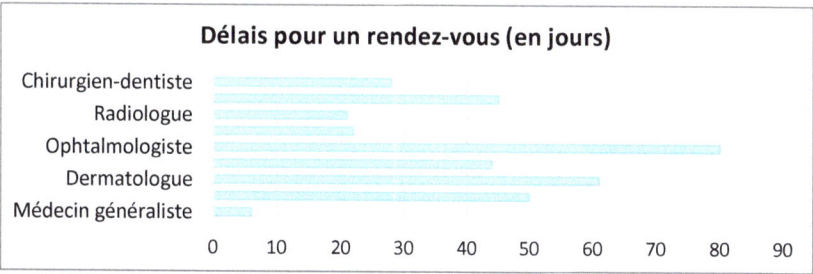

De nombreux Français ont le sentiment que les délais pour obtenir un rendez-vous explosent, en particulier avec un médecin spécialisé. Les chiffres sont en effet plutôt mauvais, le délai moyen pour obtenir un rendez-vous est par exemple de 60 jours chez un dermatologue, ou de 80 jours chez un ophtalmologue. Seuls les délais pour obtenir un rendez-vous chez un généraliste n'ont pas explosé.

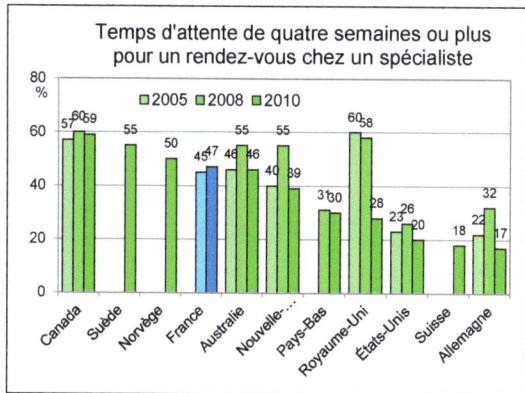

A titre de comparaison, la proportion de rendez-vous obtenu après 4 semaines ou plus est de 47 % en France (soit un sur deux), contre 28 % au Royaume-Uni (soit un sur quatre), 20 % aux Etats-Unis (un sur cinq) ou 17 % en Allemagne (un sur six).

Il est à noter que l'offre de soin est inégale sur le territoire, avec des zones, qualifiées de « déserts médicaux », ou le nombre de médecins est bien moindre.

On a souvent l'idée de la France que c'est un pays où l'on est soigné gratuitement, contrairement par exemple aux États-Unis ou au Canada. Néanmoins, la réalité est plus nuancée

Heureusement, les dépenses de santé considérées comme totalement indispensables sont généralement remboursées a 100 %. Par ailleurs, avoir une mutuelle ou un différend régime (CMU par exemple) peut également conduire l'integralité des soins à être remboursée.

Insuline
- Traitement pour les diabétiques (nécessaire)
- Remboursé a 100%

Amoxicilline
- Antibiotique, nécessaire dans certains cas pour eviter des complications
- Rembourse a 65%

Zoloft
- Antidépresseur, nécessaire dans certains cas
- Remboursé a 65%

Monture de lunettes à 140 euros
- C'est le prix moyen en France d'une monture de lunettes.
- 30 Euros remboursés, et 110 payés de sa poche (21% de remboursement)

Couronne dentaire à 500 euros
- C'est le prix moyen d'une couronne en France.
- 75 Euros remboursés, et 425 payés de sa poche (15% de remboursement)

Le point sur l'immigration

L'immigration est un sujet très clivant, et nous allons tenter d'expliquer très brièvement les points de vue.

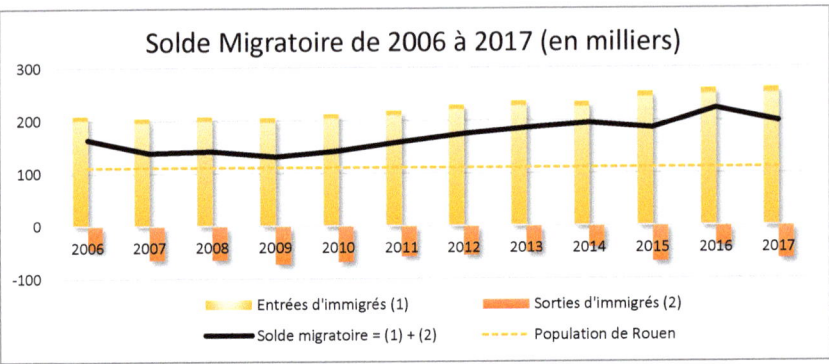

Le solde migratoire est à un niveau élevé, et est en légère augmentation. A titre de comparaison, ce chiffre représente plus de deux fois la population de la ville de Rouen chaque année. C'est ce chiffre qui fait peur à de nombreux Français qui estiment qu'une telle quantité de personnes ne peut pas s'intégrer dans de bonnes conditions. A l'inverse, d'autres considèrent que la France a toujours été une terre d'immigration.

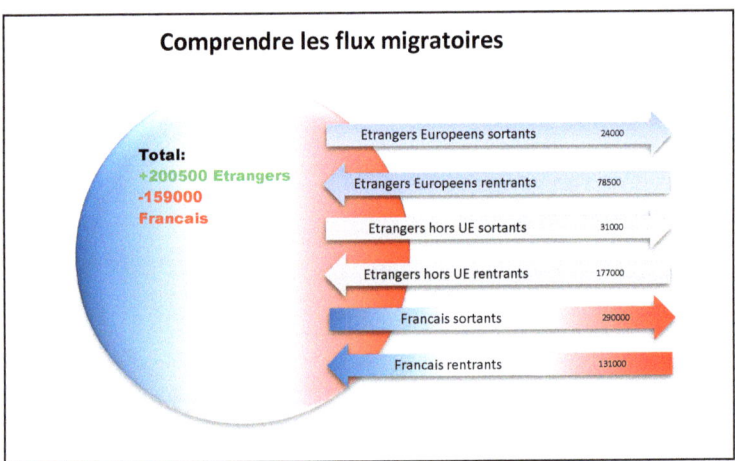

La part d'immigrés est très inégalement répartie sur le territoire. On compte 19,8% d'immigrés en Île-de-France, (une personne sur cinq, provenant majoritairement du Maghreb), contre 3,8% en Bretagne (une personne sur vingt-cinq, provenant principalement du Royaume-Uni).

Il convient de différencier les différentes natures et raisons de l'immigration. Tout d'abord, l'immigration économique et humanitaire ne représentent qu'une minorité de l'immigration. Les deux formes principales sont l'immigration pour étudier en France, et l'immigration familiale.

Par ailleurs, parmi les 81 000 demandeurs d'asile qui rentrent sur le territoire, seulement une partie aura une réponse positive, tandis que les autres ressortirons, en théorie, du territoire.

Économique : 39130
Familiale : 90500
Étudiants : 90300
Humanitaire : 38000
Divers : 19600
Demandes d'asile : 81 531

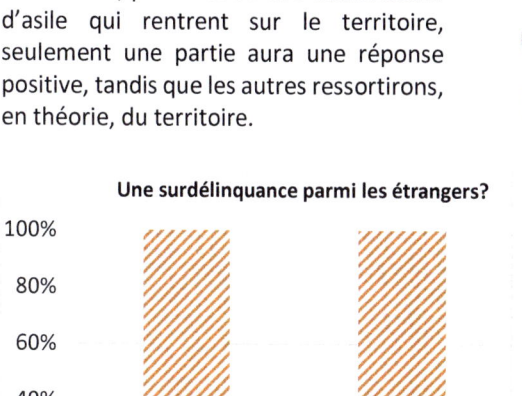

On peut voir ci-contre une représentation plus élevée des étrangers et immigrés dans les prisons. Ils sont en effet quatre fois plus représentés proportionnellement dans les prisons, et donc le taux de prisonniers est bien supérieur à la moyenne nationale. Néanmoins, il serait faux de dire qu'une majorité des prisonniers sont immigrés ou étrangers, puisque la majorité des prisons est composée de Français dits « de souche ».

Exemples de success stories

Malgré les difficultés rencontrées et les difficultés spécifiques à certains territoires, l'immigration est aussi une chance pour la France. Elle apporte un souffle de renouveau à la France, qui a une population vieillissante et comporte par ailleurs son lot d'histoires réussies.

Le point sur l'Education

La France consacre environ 5,5% de son PIB a l'éducation. Cette dépense est similaire à celles d'autres pays dont l'économie est comparable. L'Allemagne dépense par exemple 4,8% de son PIB et la Belgique 6,6%. Il est à noter une baisse proportionnelle du budget depuis 1995, et ce alors que le nombre d'élèves augmente.

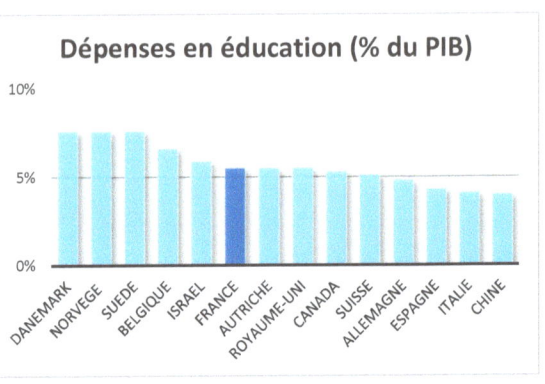

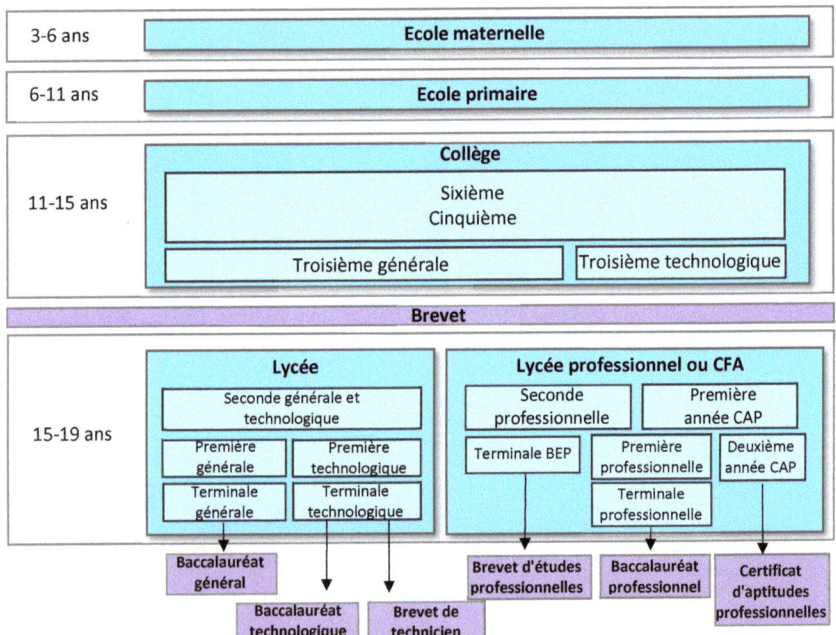

Le système Français est entièrement gratuit de la maternelle jusqu'à la fin du secondaire, c'est à dire la fin du lycée général, technologique ou professionnel. Il s'agit donc d'une scolarité gratuite de 3 à 18 ans environ. Il propose des voies différentes selon les choix de l'élève. Néanmoins, il est souvent estimé que les filières professionnalisantes ne dispensent pas une éducation d'une qualité similaire à celle de la filière générale.

En France, c'est le choix du général et de l'éducation jusqu'a 18 ans pour (presque) tout le monde qui a été fait. En effet, si l'on ajoute les deux filières qui ne sont pas professionnalisantes, soit General et Technologique, c'est environ 70 % d'une génération qui possède l'un de ces deux baccalauréats. Si l'on ramène l'investissement financier au nombre d'étudiants, les chiffres sont alors moins bons en France qu'en Allemagne ou qu'au Royaume-Uni.

Dépense de l'État annuelle par étudiant

École Primaire
- 8700 Euro en France
- 10100 Euro en Allemagne
- 11700 Euro au Royaume-Uni

Collège
- 11400 Euro en France
- 12500 Euro en Allemagne
- 12200 Euro au Royaume-Uni

Lycée
- 15100 Euro en France
- 16250 Euro en Allemagne
- 13247 Euro au Royaume-Uni

Pour le recrutement des professeurs, l'Education Nationale est très peu compétitive en comparaison avec le privé. Le salaire est en effet en moyenne 50 % plus élevé dans le privé pour un métier requérant une qualification équivalente. Certains profils se détournent de cette voie, et les concours de l'éducation nationale attirent d'une façon générale beaucoup moins de candidats qu'auparavant.

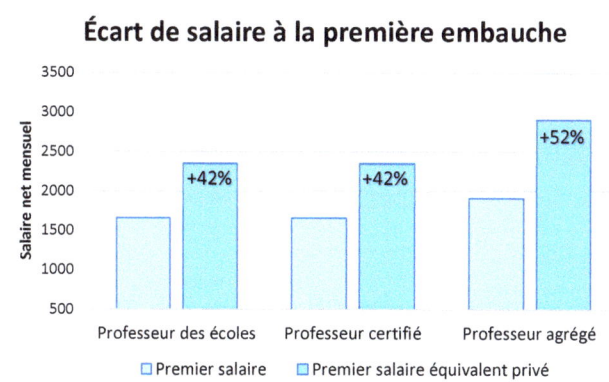

En 2018, c'est plus de 55 % des candidats qui seront admis au CAPES de lettres classiques et modernes, et 47 % des candidats qui seront admis au CAPES de mathématiques. En 2009, ces pourcentages étaient de 30 % et 25 %. (Sources : Education nationale).

Enfin, le niveau a globalement baissé, notamment en primaire et au collège. **26 % des élèves** entrant en 6ème faisaient plus de 15 erreurs sur une dictée de dix lignes en 1987, **contre 46 %** aujourd'hui. En mathématiques et en science, **la France est passée**, au niveau mondial, **de 15ème** au début des années 2000 **à 27ème** en 2015, si l'on s'en réfère au classement PISA.

Enseignement supérieur et recherche

Encore une fois, la France a fait le choix du général pour (presque) tout le monde. En effet, moins de 40% des étudiants français suivent une formation professionnalisante, contre plus de 50% en Allemagne. Une conséquence directe est que le budget par étudiant est bien plus faible en France que par exemple en Allemagne, où c'est presque le double qui est consacré par étudiant chaque année à l'université.

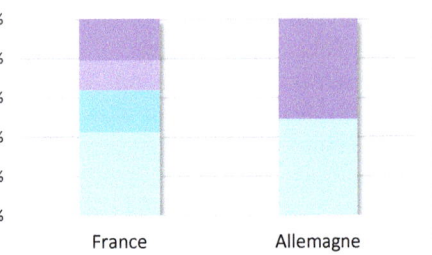

63% suivent une voie generale en France contre 51% en Allemagne

■ Formation professionnalisante (alternance ou autre)

28%: C'est le taux d'obtention d'une licence au bout de 3 ans. 13% supplémentaires l'auront en une année de plus.

Universite Paris Sorbonne
- 65 000 Etudiants
- 900 M d'Euros de budget
- Budget annuel par etudiant: 13850 euro

Universite de Heidelberg
- 31 000 Etudiants
- 765 M d'Euros de budget
- Budget annuel par etudiant: 24677 euro

Les étudiants français se détournent massivement des études courtes ou professionnalisantes, mais seuls 28% d'entre eux obtiendront leur licence en 3 ans.

L'université en France propose des salaires très peu compétitifs aux jeunes enseignants-chercheurs mais également aux personnes en fin de carrière. Les salaires sont en effet jusqu'à trois fois inferieurs a ceux proposés par des pays qui ont une économie comparable. Pour cette raison en partie, une partie des étudiants de très haut se s'orientent vers d'autres voies. De nombreux enseignants-chercheurs partent également exercer à l'étranger.

Comparaison du salaire des enseignants-chercheurs

Pays	Debut de carriere	Fin de carriere
Royaume Uni	+115%	+80%
Allemagne	+130%	+35%
France	(référence)	+28%
Suede	+93%	+63%
Belgique	+45%	+2%
Etats-Unis	+165%	+220%
Canada		+100%
Espagne	+35%	+1%

Investissement dans la recherche et le développement, en % du PIB

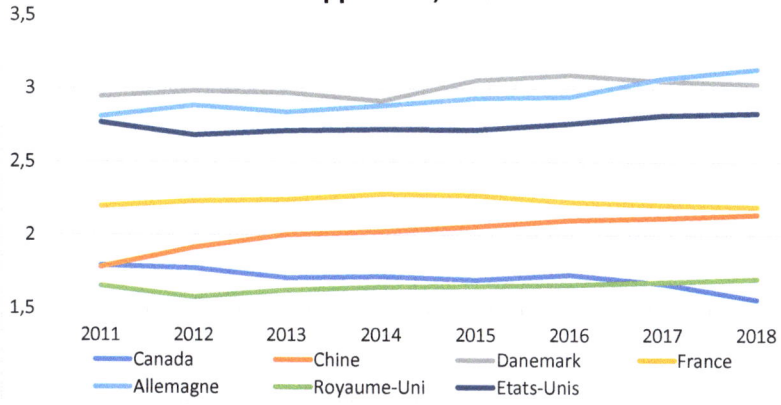

La France dispose traditionnellement d'une recherche et d'une innovation très solides. Alors que beaucoup de pays développés font le choix d'accroître leur effort pour la recherche et le développement, les moyens investis en France sont en légère baisse depuis une dizaine d'années. La Chine nous a par exemple presque rattrapés.

Il est souvent considéré que la recherche et le développement sont source de croissance et de développement sur le moyen et long terme, contrairement aux investissements de courtes durées. Le choix de l'investissement dans la recherche, le développement et l'innovation va généralement de pair avec une stratégie orientée vers l'industrie de pointe et son exportation.

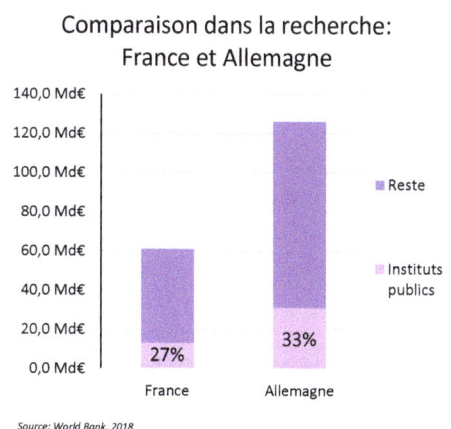

Si l'on poursuit la comparaison avec l'Allemagne, la France dépense au total 61 milliards d'Euros pour la recherche contre 126 milliards en Allemagne. Cet écart est dû à deux choses. Premièrement, l'Allemagne investit une part supérieure de son PIB dans la recherche, 3.2% du PIB contre 2.2% en France, mais aussi à l'écart de richesse totale, puisque le PIB de l'Allemagne est supérieur de 42% à celui de la France. (Chiffres de 2018). Nous avons fait le choix de comparer ici la France à l'Allemagne qui est un pays très riche. Si l'on compare à l'Italie, la France dépense plus du double en recherche et développement.

Le point sur l'écologie

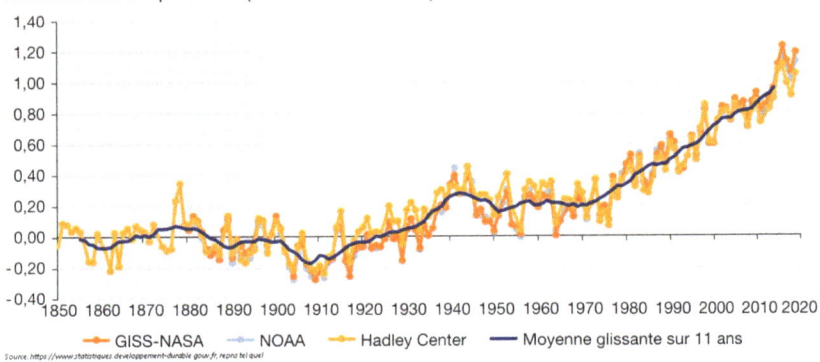

Aujourd'hui, le réchauffement climatique est une réalité. Les températures ont augmenté de manière inquiétante avec des conséquences lourdes partout dans le monde. Les accords de Paris ont fixé comme objectif de ne pas dépasser une augmentation de 1,5 degrés. Il semblerait que cet objectif soit aujourd'hui difficile à atteindre à moins de mettre en place des changements radicaux.

 **Glacier d'Ossoue:**
- Le glacier le plus étendu des Pyrénées françaises a perdu en 18 ans 30 mètres d'épaisseur et 125 metres de longueur.

 **Pesticides:**
- Sur 30 échantillons d'urine prélevés au hasard en France, 100% des echantillons contenaient du glyphosate.

 **Agriculture:**
- Les pertes de recoltes ont triplé en Europe depuis 1961.

 Pollution de l'air:
- Elle fait perdre 3 ans d'espérance de vie en moyenne dans le monde.

 **Feux de forêts:**
- Chaque annee, 350 millions d'hectares de forets sont brulés, c'est six fois la superficie de la France.

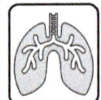 **Plastique:**
- Des microplastiques ont été retrouvés dans des organes humains (Poumons, reins, foie ...), dans 100% de 47 echantillons prélevés au hasard.

Outre le climat, on peut par exemple citer les déchets plastiques, les pesticides, la pollution de l'air, les déchets radioactifs, la pêche excessive, l'extinction de nombreuses espèces, l'apparition et la propagation de nouvelles maladies, et bien d'autres.

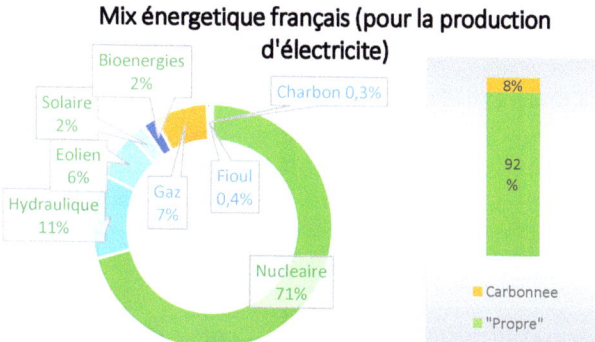

Le « Mix énergétique français », soit les différentes sources d'électricité que possède la France, est très propre et est un exemple à suivre pour les autres pays. Bien que possédant d'autres défauts, le nucléaire nous permet d'atteindre 92 % d'énergie décarbonée dans sa production électrique.

Néanmoins, il ne faut pas en déduire que 92 % de l'énergie consommée en France est décarbonée. En effet, ceci ne concerne que la production d'électricité, et l'électricité n'est pas la seule forme d'énergie consommée en France.

A cause du chauffage, du transport, et d'autres, la France continue de dépendre des énergies fossiles et 64 % de la quantité totale d'énergie qu'elle consomme est carbonée.

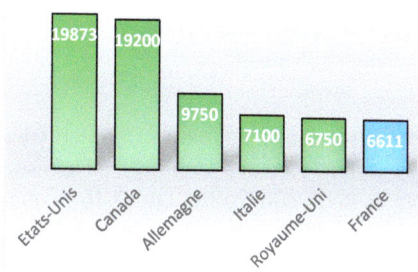

Malgré tout, la France reste un pays très propre, puisque sa production de gaz à effet de serre par habitant (CO2/hab) est inférieure à l'immense majorité des pays développés. En 2019, l'ensemble de l'Union Européenne est responsable de 6,4 % des émissions de CO_2, contre 27 % pour la Chine et 11 % pour les Etats-Unis. Toute solution passera nécessairement donc par un changement de comportement de la Chine et des Etats-Unis.

Le point sur la sécurité et la justice

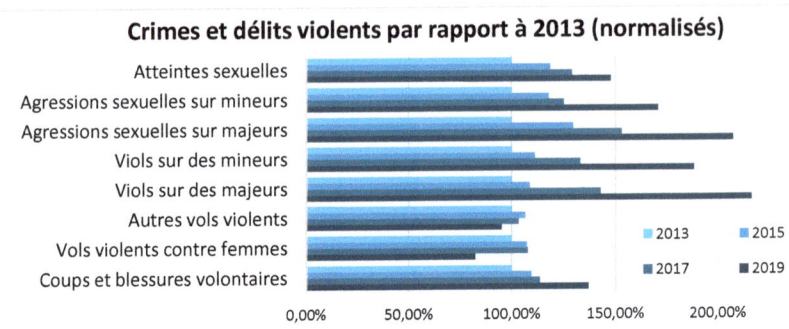

Nous assistons ces dernières années à une augmentation massive de la violence. Si l'on regroupe les délits de violence, ils ont augmenté de 30% sur une période de six ans, et l'augmentation est similaire avant 2013. En ce qui concerne les violences sexuelles, elles ont augmenté de 80% sur cette même période.

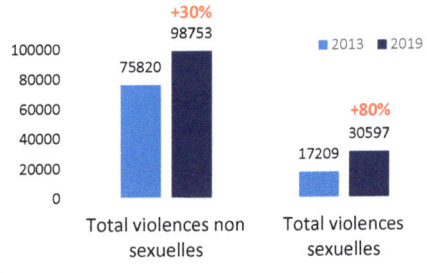

Si le nombre d'actes de violence augmente, les actes extrêmement violents et la grande délinquance en revanche diminuent. Les homicides par exemple (toutes natures confondues) ont plutôt tendance à diminuer.

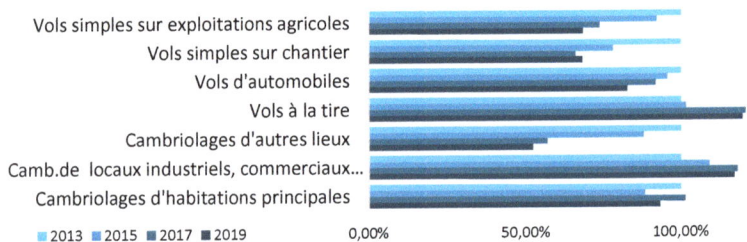

Les vols, toutes natures confondues, ont également tendance à diminuer. Finalement, on observe davantage une augmentation de la violence et des violences sexuelles, qu'une augmentation globale de la délinquance et de la criminalité. Les chiffres que nous présentons montrent la tendance générale, mais nous vous invitons à vous en référer aux sources pour des chiffres plus détaillés.

Tous les chiffres cités ici ne tiennent compte que de coupables ou de victimes qui ont été identifiés, soit en flagrant délit, soit à la suite plainte, ou d'une autre façon. Nous n'avons donc pas de chiffres sur les délits dont les services de police ignorent l'existence, puisque ces chiffres n'existent pas. Il est donc impossible d'infirmer ou de confirmer une phrase telle que « les chiffres de la drogue n'augmentent pas car les policiers n'entrent plus dans les cités ».

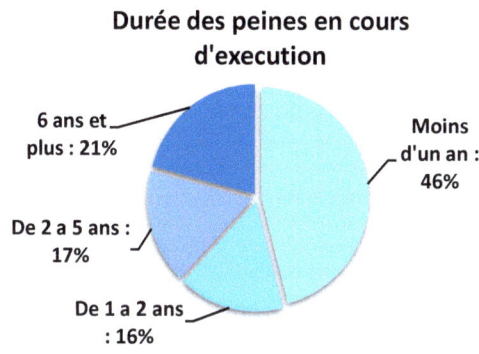

En France, la majorité des peines de prisons sont des peines de courte durée. Actuellement, c'est **62%** de la population carcérale qui purge une peine de **moins de 2 ans**.

La population carcérale est de **70000** en France, ce qui est comparable au reste de l'Europe. Elle est par exemple de **64000** en Allemagne, ou de **90000** au Royaume-Uni.

D'une façon générale, la prison n'est pas la solution favorisée en France. Sur 550 000 peines prononcées en 2018, seules 130 000, soit 23,5%, contenaient une peine d'emprisonnement

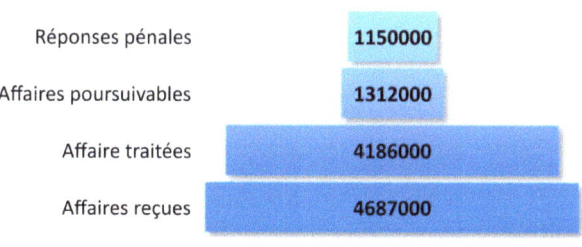

ferme. Par rapport à l'ensemble des affaires poursuivables, ce chiffre descend à **11%**. Lorsque l'affaire a abouti à un jugement au tribunal correctionnel, il s'est écoulé en moyenne **8 mois** depuis son arrivée au parquet. (Source : vie-publique.fr). Ce chiffre parait très élevé, mais il est à noter qu'il est en légère baisse. Lorsque l'affaire a fait l'objet d'une instruction, cette durée atteint **3 ans et demi**.

En France, l'emprisonnement est choisi en dernier recours. Les États-Unis par exemple, qui n'ont pas fait ce choix, comptent 2,3 millions de détenus, soit **32 fois plus** qu'en France.

Néanmoins, le taux de récidive est également nettement plus élevé, puisqu'il est de **33%** en France alors que ce chiffre atteint **66%** aux États-Unis. Cette politique permet de réduire la criminalité, puisque les prisonniers ne peuvent pas commettre d'actes de délinquance ou de crimes, mais ne semble donc pas favoriser une réinsertion réussie dans la société.

III – Programmes des candidats

Jean-Luc Mélenchon

Politique générale de l'État

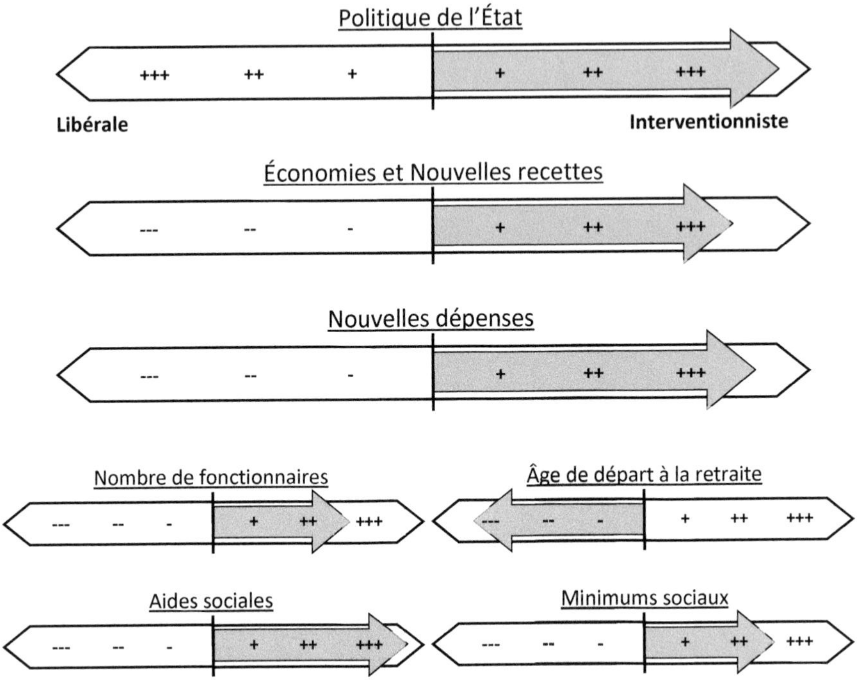

Politique de l'État
Libérale — Interventionniste

Économies et Nouvelles recettes

Nouvelles dépenses

Nombre de fonctionnaires
Âge de départ à la retraite

Aides sociales
Minimums sociaux

Economie

Impôts et charges des grandes entreprises

Impôts et charges des petites entreprises

Protectionnisme, commande publique
Concurrence libre — Intervention de l'État

Relance de l'économie
Investissements publics — Compétitivité

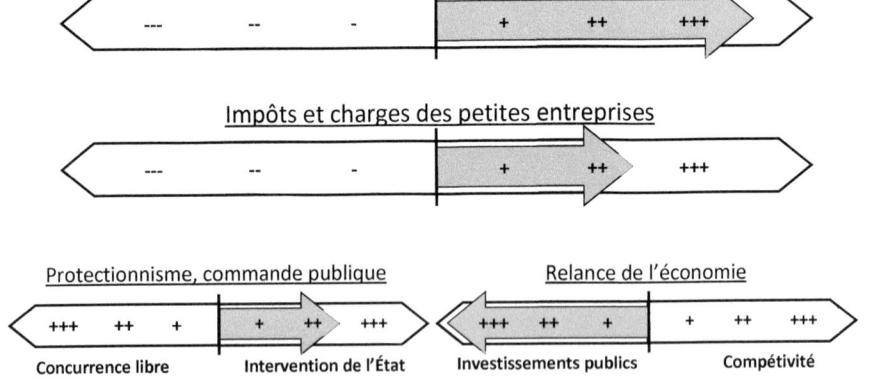

Une politique interventionniste avec l'État au centre
- Reprise du contrôle sur la santé, sur l'industrie pharmaceutique et sur la médecine libérale
- Intervention dans les entreprises pour éviter les contrats précaires et favoriser le pérenne
- Créer un pôle public pour financer les entreprises et mener une politique du crédit, nationaliser certains groupes et revoir la privatisation d'autres
- Reprise du contrôle de l'État sur le libre-échange, avec le protectionnisme solidaire
- Reprise du contrôle du peuple sur les institutions, avec une VIème république

Des réformes fiscales pour redistribuer
- Modifier profondément l'impôt sur le revenu, avec 14 tranches plutôt que 5. La dernière tranche est de 100 % d'impôts au-delà de 20 fois le revenu médian, soit 400 000 euros annuels (33 000 euros par mois)
- Taxer le capital au même niveau que le travail
- Augmenter les droits de succession sur les gros patrimoines
- Revoir la taxation des entreprises
- Contrôler les flux financiers et dé-financiariser l'économie

Une augmentation massive des dépenses
- Fin du gel et revalorisation des salaires dans la fonction publique
- Augmentation des moyens pour la santé, la justice et l'éducation
- Non-réduction de l'immigration
- Plans contre la précarité

Un plan de lutte pour la dignité de tous
- La **garantie dignité** (aucun niveau de vie en dessous du seuil de pauvreté)
- L'objectif de zéro sans abri
- La retraite à 60 ans

Mettre fin au pillage économique de la Nation
- Faire le bilan de toutes les privatisations et toutes les faveurs fiscales
- Revenir sur les programmes de privatisation (aéroports, autoroutes, parts publiques, etc.)
- Appliquer le droit de réquisition des entreprises d'intérêt général par l'État
- Instaurer une taxe sur les transactions financières
- Recouvrir les 2,2 milliards d'euros d'argent public accordés à la Société Générale et évaluer les actes comparables

Une politique au service de l'économie réelle
- Arrêter la cotation continue des entreprises en Bourse
- Revoir les droits des actionnaires en fonction de la durée de présence dans l'entreprise
- Moduler l'impôt sur les sociétés pour favoriser l'investissement en France
- Financer l'escompte des PME à taux zéro par le pôle financier public
- Créer un fond de solidarité inter-entreprises pour soulager les PME

Éducation, enseignement supérieur et recherche

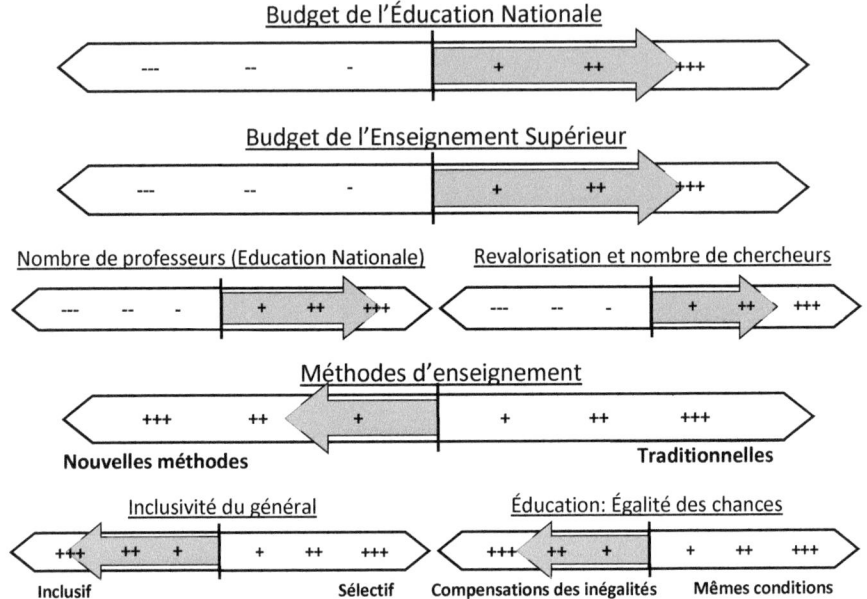

Sécurité et Justice

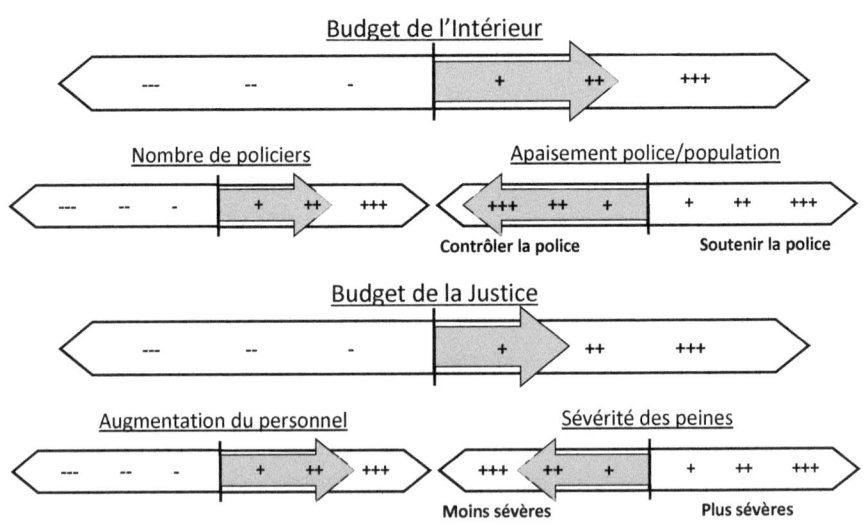

D'importants moyens pour l'éducation
- Recruter au moins 60 000 enseignants supplémentaires
- Revaloriser le salaire des enseignants, en particulier ceux du primaire

Une grande attention à l'enseignement supérieur, l'enseignement professionnel et la formation continue
- Financer davantage l'enseignement supérieur
- Favoriser les financements pérennes, augmenter le budget des universités
- Proposer une offre cohérente de formations d'enseignement supérieur sur tout le territoire
- Mettre fin à la précarité des doctorants et jeunes chercheurs
- Appuyer l'enseignement professionnel public, arrêter les fermetures de classes et de lycées professionnels et augmenter le nombre d'établissements
- Rehausser le niveau d'investissement public dans la recherche, renforcer les grands instituts de recherche (CNRS, INRA, etc.) et créer un statut protecteur pour les jeunes chercheurs

L'éducation pour tous
- Refonder la formation professionnelle des adultes et la formation continue, principalement pour les travailleurs pas ou peu qualifiés et les chômeurs
- Instaurer une nouvelle carte scolaire établissant la mixité sociale
- Mettre en place un plan de lutte contre les inégalités dans les écoles maternelles et primaires et développer les réseaux d'aide aux élèves en difficulté
- Instaurer la gratuité de ce qui se rattache à l'école (cantine et transport par exemple)
- Éradiquer l'illettrisme pour les jeunes sortis du système

Un soulagement de la police et une refonte partielle
- Restaurer la police de proximité en refondant les objectifs des polices municipales
- Contraventionnaliser la consommation de stupéfiants et légaliser l'usage du cannabis pour désengorger la police
- Apaiser les conflits existants au sein de la police par des instances de dialogue interne
- Recruter des agents administratifs pour soulager les policiers et gendarmes et ramener les effectifs de policiers et gendarmes à ceux de 2007
- Lutter massivement contre la clochardisation de la police : Réduire la précarité de 11 000 adjoints de sécurité, donner suffisamment de moyens techniques et matériels

Assurer un meilleur accès à la justice pour tous
- Recruter des fonctionnaires de justice, en particulier des magistrats et des greffiers
- Garantir la gratuité des procédures courantes (divorce...)

Une police républicaine qui ne fait pas d'abus
- Démanteler les BAC
- Réécrire le code de déontologie de la police
- Interdire les Tasers et les Flash-balls, ainsi que les grenades de désencerclement
- Faire l'évaluation des lois sécuritaires, abroger les dispositions inefficaces

Immigration

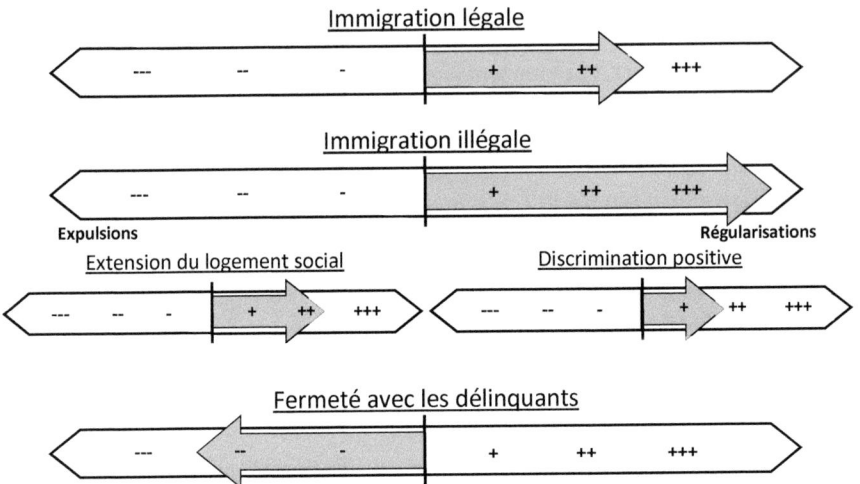

Pouvoir d'achat

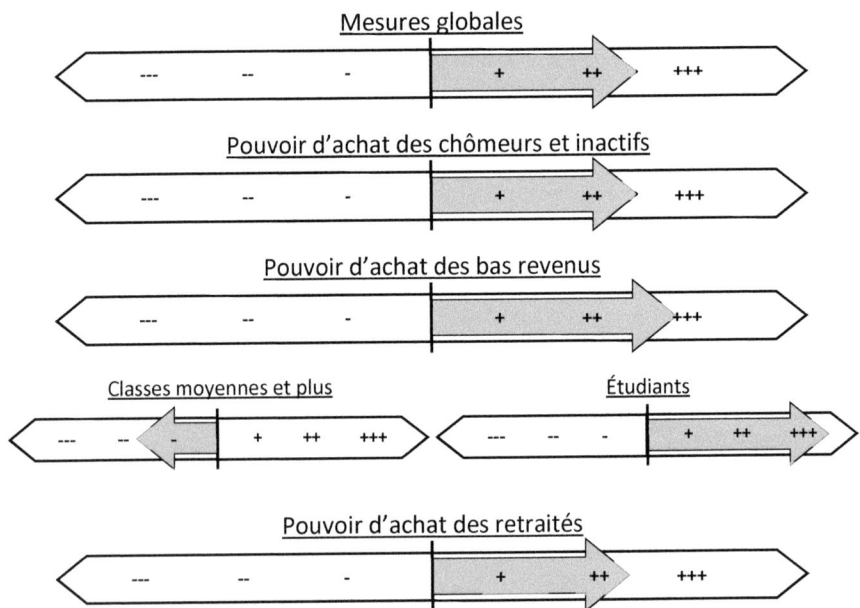

Ne pas réduire l'immigration légale ou illégale, mais combattre ses causes sur le long terme

- Gérer les migrations de façon internationale en passant par l'ONU
- Mettre fin aux accords commerciaux déstabilisateurs
- Agir contre le dérèglement climatique par des transferts de technologies et une aide financière
- Renforcer les moyens civils de sauvetage en mer Méditerranée
- Refuser la militarisation de la politique de contrôle des flux migratoires
- Aider les réfugiés à repartir lorsque la situation de leur pays de départ le permet
- Construire des centres d'accueil, pour proposer aux migrants et aux demandeurs d'asile des conditions dignes, et régulariser les sans-papiers
- Établir le droit du sol intégral, et favoriser l'accès à la nationalité française

Unir le petit bassin méditerranéen (dont la France)

- Créer une chaîne de télévision méditerranéenne émettant en plusieurs langues et diffusée sur les deux rives de la Méditerranée et sur internet
- Créer un réseau d'universités méditerranéennes couvrant tous les niveaux de formations d'enseignement supérieur
- Mettre en place une structure commune de lutte contre les pollutions et de gestion de l'écosystème de la mer Méditerranée

L'autonomie pour tout le monde

- Créer une allocation d'autonomie pour les jeunes étudiants pendant 3 ans
- Remplacer les « emplois d'avenir » par un **contrat jeune** d'une durée de cinq ans, pour aider les jeunes qui s'orientent vers la fonction publique
- Revaloriser les pensions de retraite au niveau du nouveau SMIC pour une carrière complète et porter le minimum vieillesse au niveau du seuil de pauvreté

Lutter contre les discriminations hommes-femmes

- Lutter contre le temps partiel contraint qui touche 80 % des femmes
- Obliger toutes les entreprises à adopter un plan contre les inégalités de salaire et de carrière entre hommes et femmes
- Revaloriser les métiers occupés majoritairement par des femmes
- Favoriser les congés parentaux de durée identique entre les parents

Réduire la pauvreté et la précarité

- Revalorisation du SMIC, porté à 1400 euros net par mois
- Revaloriser les salaires des fonctionnaires, gelés depuis 2010
- Instaurer la gratuité de l'accès et des quantités d'eau, électricité et gaz
- Lutter contre le non-recours aux droits sociaux (RSA etc.) en simplifiant et en aidant
- Établir le droit opposable à l'emploi : en cas de chômage de longue durée, l'État doit proposer un emploi au chômeur en lien avec sa qualification
- Favoriser les CDI
- Faciliter la requalification en contrat de salarié pour de nombreux auto-entrepreneurs (Uber...)

Écologie

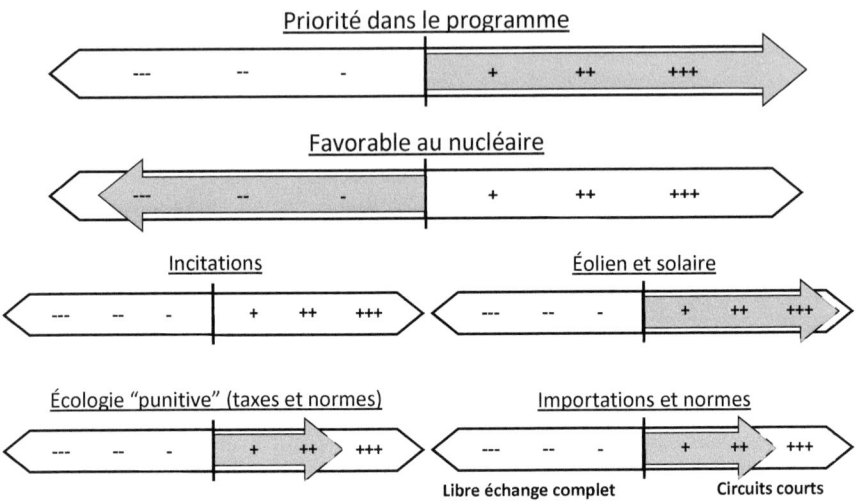

Santé

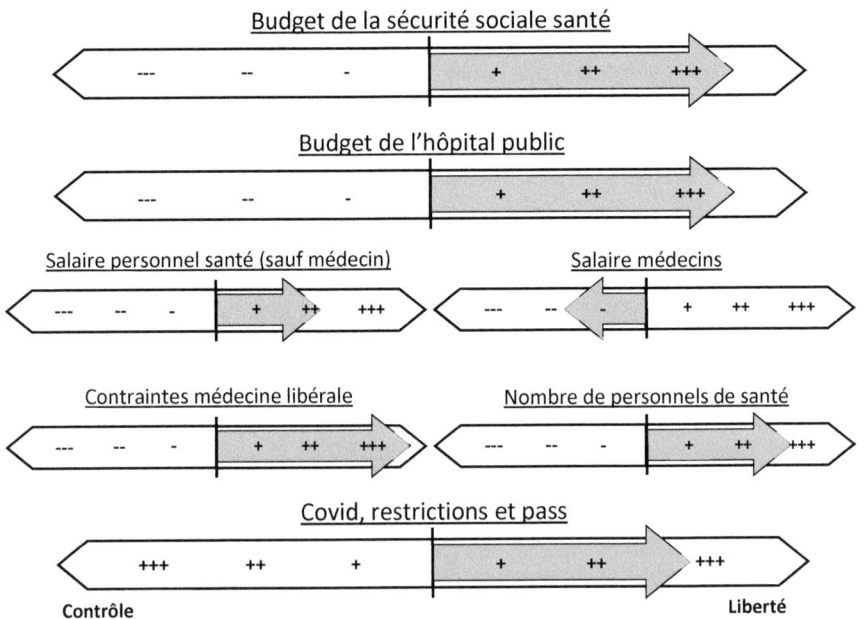

Il faut prendre le tournant que nous impose la nature
• Un cadre : la planification écologique articulant le niveau national et local
• Création d'un pôle public de l'énergie pour mener une politique cohérente, renationalisation d'EDF et de Engie (ex-GDF)
• Développement de l'ensemble des énergies renouvelables, et sortie des énergies carbonées en commençant par l'arrêt du soutien aux énergies fossiles et de toute exploration
• Des mesures concrètes seront prises pour réduire les déchets (combattre l'obsolescence programmée et le tout jetable, favoriser le recyclage)

Sortir du nucléaire
• Fermer immédiatement Fessenheim et reconvertir en filière de démantèlement de centrales, et abandonner l'opération du grand carénage visant à prolonger la vie des centrales nucléaires au-delà de quarante ans
• Rendre publiques les données sur l'enfouissement des déchets nucléaires depuis soixante ans

Les autres aspects seront pris en compte
• Rénovation de 700 000 logements pour éviter les passoires thermiques, et organiser la sobriété énergétique
• Modifier profondément l'agriculture (réforme agraire pour jeunes agriculteurs, refonte de la PAC, stopper les fermes usines, favoriser le bio et l'agriculture diversifiée, favoriser les circuits courts)

L'État reprendra le contrôle sur l'hôpital, l'industrie et la médecine libérale
• Créer des centres de santé pratiquant le tier payant pour combler les déserts médicaux et créer un corps de médecins généralistes fonctionnaires rémunérés pendant leurs études
• Reconstruire le service public hospitalier, revenir sur la tarification à l'acte et les suppressions de lits et de personnels, et engager un plan pluriannuel de recrutement de médecins, infirmiers, aides-soignants et personnels administratifs
• Créer un pôle public du médicament pour faciliter l'égal accès aux traitements, protéger la recherche de la finance et supprimer l'influence des entreprises privées dans les activités médicales
• Assurer le contrôle des prix sur l'ensemble des produits de santé et communiquer leurs coûts réels, et abolir les dépassements d'honoraires

De très grands investissements et une priorité
• Remboursement à 100 % des soins de santé prescrits, dont les soins et appareils dentaires, optiques et auditifs
• Grande politique de prévention : élaborer un plan de santé environnementale (lutte contre la pollution, interdiction des pesticides…)
• Éradication des maladies chroniques liées à l'alimentation : lutte drastique contre l'obésité, contre la malbouffe et les abus de sel, sucre et graisses par l'industrie agro-alimentaire…
• Prévention et éducation à la santé dès le plus jeune âge, en renforçant la médecine scolaire et la protection maternelle et infantile
• Plan de lutte et de prévention contre les maladies sexuellement transmissibles et promotion des politiques de santé sexuelle et reproductive émancipatrices des personnes

Remarques

Comme pour tous les programmes, nous avons cherché à rester concis. Néanmoins, voici quelques points que l'on aurait pu aborder.

Il fut très difficile de synthétiser le programme de Jean-Luc Mélenchon, car il est très fourni et très complet. Beaucoup de mesures sont proposées, et le programme est chiffré avec précision. Nous avons cherché à mettre en valeur les propositions qui nous paraissaient centrales, mais les autres propositions sont disponibles à la lecture dans son programme. Lorsque nous devions choisir entre plusieurs propositions, nous avons choisi la proposition que le candidat met le plus en avant dans ses discours et lors des débats télévisés, tout en cherchant aussi à faire apparaître les propositions moins connues mais néanmoins importantes.

Les thèmes de la redistribution et de l'écologie sont très présents dans le programme. La question de l'intervention de l'État et de la reprise de contrôle de celui-ci l'est également. Le programme de Jean-Luc Mélenchon est sans doute, avec le programme de Marine Le Pen, le programme le moins libéral proposé. C'est le seul programme, avec celui proposé par Yannick Jadot, qui ne propose aucune réduction de l'immigration.

Nous n'avons pas eu la possibilité de le détailler, mais le programme de Jean-Luc Mélenchon propose un plan comportant de nombreuses mesures pour imposer une égalité hommes-femmes. Jean-Luc Mélenchon propose également de renégocier la dette, et se montre sceptique sur le fonctionnement actuel de l'Union-Européenne.

En ce qui concerne les sujets sociétaux, Jean-Luc Mélenchon voit en la PMA sans père une « révolution », qui participe à la fin du patriarcat. Il veut inscrire le droit à l'avortement dans la Constitution, et s'oppose très fermement à la peine de mort.

Yannick Jadot

Politique générale de l'État

Politique de l'État
Libérale +++ ++ + | + ++ +++ Interventionniste

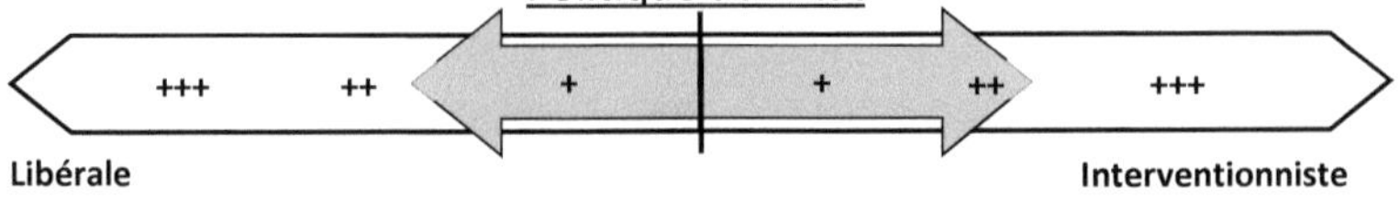

Économies et Nouvelles recettes
--- -- - | + ++ +++

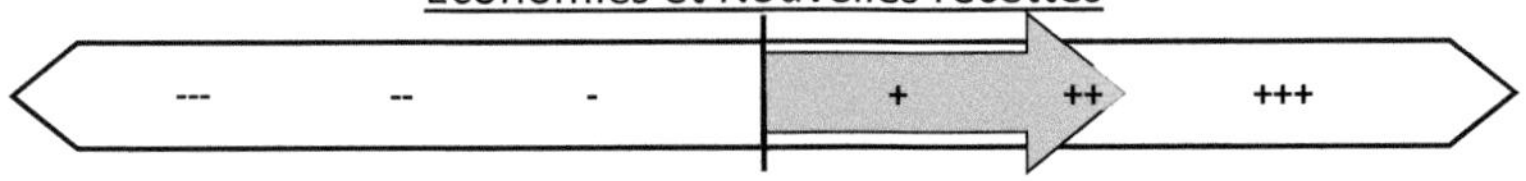

Nouvelles dépenses
--- -- - | + ++ +++

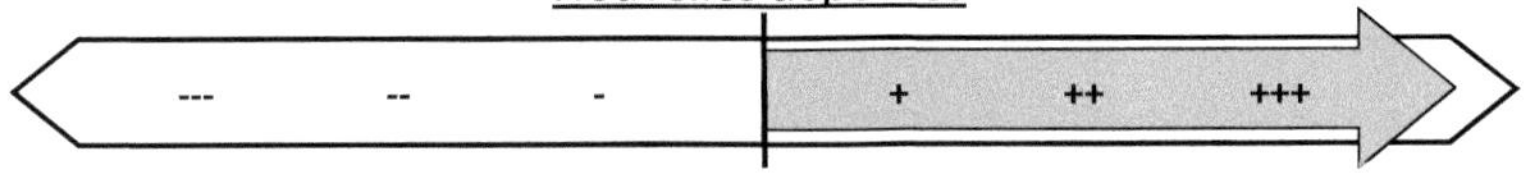

Nombre de fonctionnaires
--- -- - + ++ +++

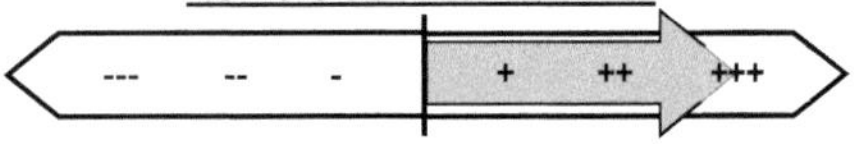

Âge de départ à la retraite
--- -- - | + ++ +++

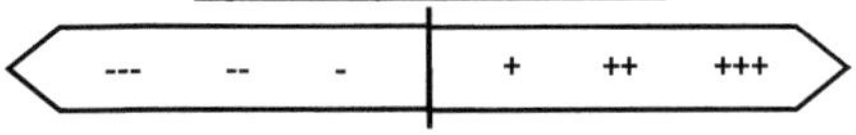

Aides sociales
--- -- - | + ++ +++

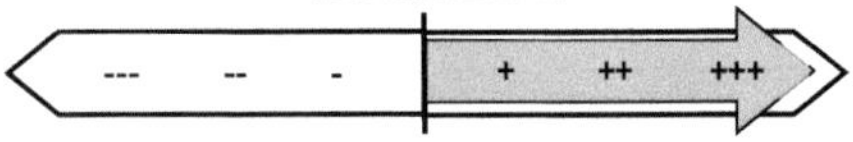

Minimums sociaux
--- -- - | + ++ +++

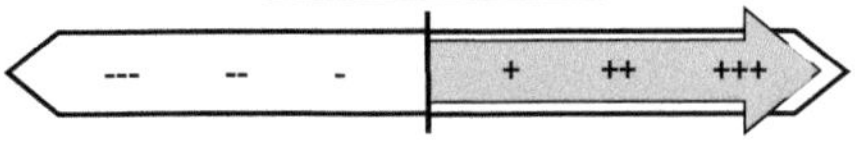

Economie

Impôts et charges des grandes entreprises
--- -- - | + ++ +++

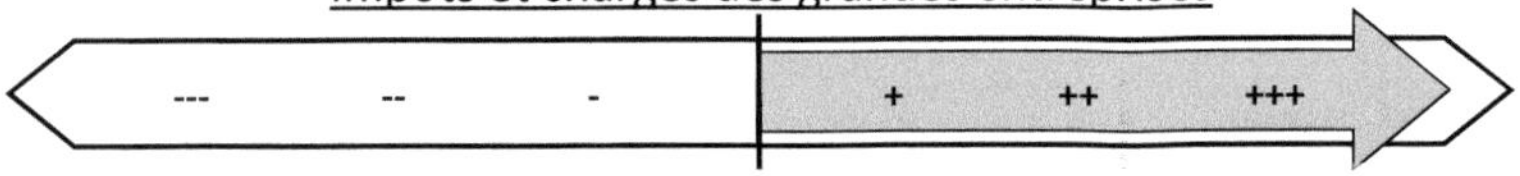

Impôts et charges des petites entreprises
--- -- - | + ++ +++

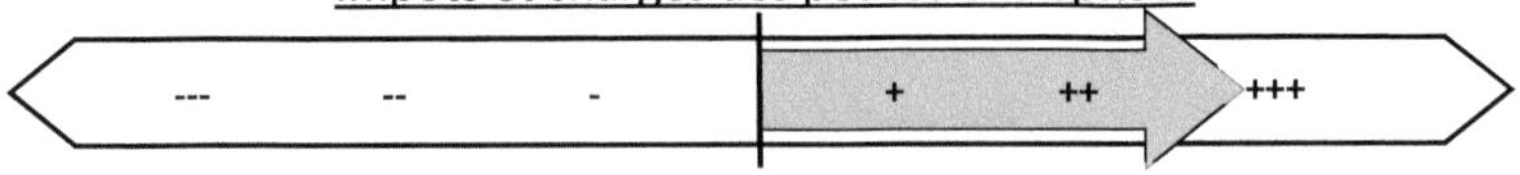

Protectionnisme, commande publique
+++ ++ + | + ++ +++
Concurrence libre — Aide de l'État

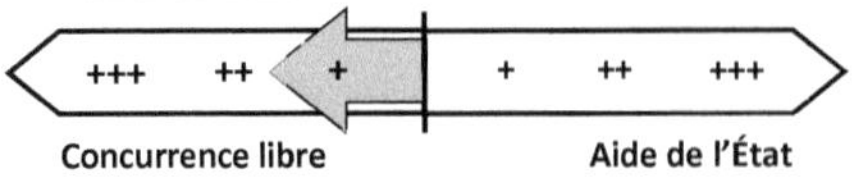

Relance de l'économie
+++ ++ + | + ++ +++
Investissements publics — Compétitivité

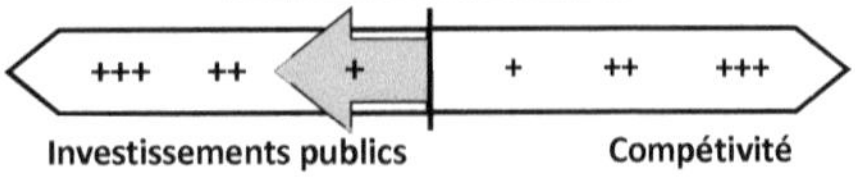

Une nouvelle manière de fonctionner
- L'écologie au cœur de tous les sujets : économie, agriculture, Europe, entreprises, territoires, République, école, université ...
- Le féminisme et l'égalité pour tou.s.tes au cœur de tous les sujets également, justice, police, entreprises, économie, République, école, université ...
- Mode de fonctionnement libéral avec redistributions et contrôles, des entreprises reformées au cœur du modèle
- Révisions de tous les services publics pour servir le public
- Mise en place d'une constituante pour une Europe plus fédérale

Une augmentation massive des dépenses
- Augmentation du budget de la justice, de la santé et de l'éducation
- Accueil décent de tous les immigré.es, avec des conditions meilleures sur le territoire, et des corridors humanitaires

Une augmentation des recettes
- Suppression de toutes les niches fiscales antiécologiques, taxation à parité carbone et sociale des productions importées
- Réforme de la TVA, pour favoriser les produits locaux, bons et bio, ainsi que défavoriser les produits importés de loin avec des normes différentes
- Lutte contre l'évasion fiscale et les paradis fiscaux

De la considération pour tout le monde
- Revenu universel d'existence, chèques verts pour les familles démunies, revalorisation des acquis sociaux, renforcement des comptes pénibilité, garantie à chacun.e de l'accès aux biens de première nécessité
- Lutte contre la discrimination sociale, raciale, sexuelle dans tous les lieux possibles (entreprise, école, etc.)
- Lutte pour l'acceptation de la différence (LGBTQI+, d'apparence, handicap, etc.) partout

Réformer l'entreprise
- Refonte du droit des sociétés en renforçant la loi Pacte
- Reforme des critères de gestion en tenant compte de l'utilisation des ressources (compatibilité verte, comptabilité carbone, bilan environnemental)
- Incitations fiscales pour les entreprises durables, qui traitent dignement ses salariés, ou qui respectent strictement l'égalité entre les sexes
- Conditionner 100% des aides publiques aux entreprises au respect de critères climatiques, sociaux, de relocalisation et d'ancrage territorial

Une économie plus sensée
- Réviser les critères d'attribution de la commande publique en faveur des entreprises de l'Économie Sociale et Solidaire (ESS)
- Lutter contre la financiarisation de l'économie
- Mobiliser l'épargne à travers le livret développement durable et solidaire
- Loi sur la transparence et la responsabilité des entreprises, pour les questions environnementales, sociales et sociétales
- Conditionner le versement de dividendes à des critères sociaux et environnementaux
- Aider les entreprises à faire la transition écologique avec un investissement public massif

Éducation, enseignement supérieur et recherche

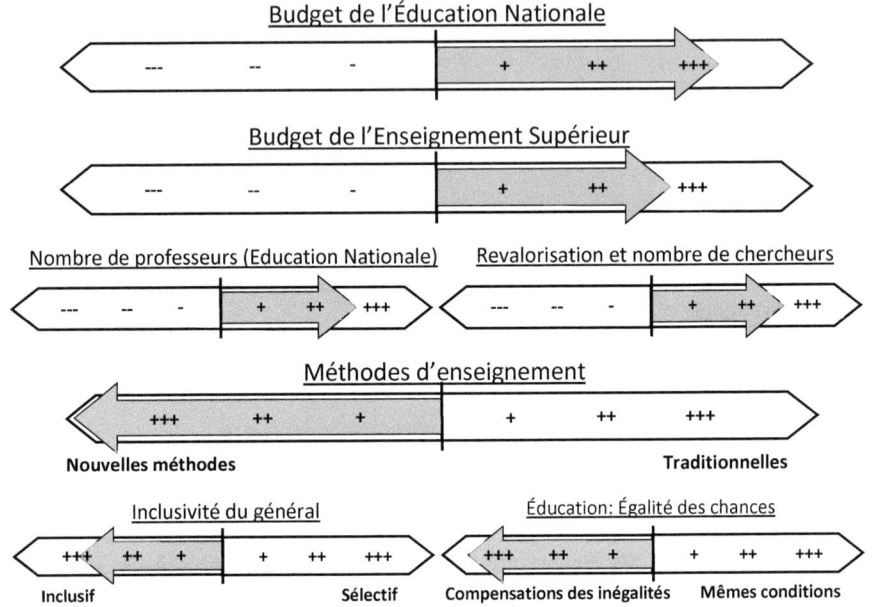

Sécurité et Justice

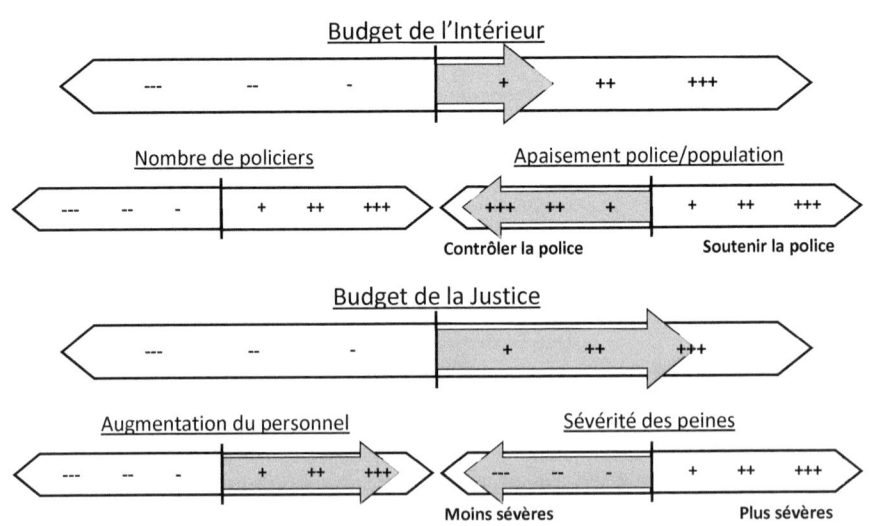

Une refonte de l'école
- Une éducation qui répare les inégalités, une école ouverte sur le quartier, le village, et sur le monde, une école pleinement inclusive
- Un système éducatif repensé en profondeur, pour construire une école de la tête, du cœur et de la main
- La mixité réelle comme objectif, passant notamment par la carte scolaire pour tous les établissements
- Recrutement de 65 000 enseignant.e.s et revalorisation de leurs salaires, nouvelle formation pour les enseignant.e.s

Une refonte de l'université
- Orienter beaucoup mieux les étudiants et reformer Parcoursup
- Garantir l'indépendance de l'université en modifiant les mécanismes de financement
- Créer 100 000 places supplémentaires pour les filières courtes de l'enseignement supérieur
- Élever à 1 % du PIB à la recherche publique, et recruter 10 000 enseignants chercheurs

Une refonte des méthodes : Une école inclusive et compréhensive
- Modules d'enseignements pratiques à raison de deux demi-journées par semaine, avec de la cuisine, du bricolage, du jardinage
- Soutien massif aux projets pédagogiques de découverte du patrimoine naturel, historique, culturel, agricole, artisanal, industriel
- Éducation à la santé, à la sexualité et à l'égalité de genre, avec une approche biologique mais aussi psychologique et sociale (stéréotypes de genre, orientation sexuelle, estime de soi), et meilleur accueil des jeunes LGBTQI+
- Une école de la coopération plutôt que de la compétition, qui engendre stress et échecs
- Création, d'une unité localisée pour l'inclusion scolaire (ULIS), pour accueillir les enfants aux besoins particuliers. La formation des enseignant.e.s inclura la question du handicap

Une police de paix, au service du public
- Restreindre le renseignement intérieur, abroger l'ensemble des mesures administratives de lutte contre le terrorisme
- Mettre en place une police de proximité qui coopère et privilégie la médiation et la prévention. Modifier les doctrines de maintien de l'ordre dans le respect des exigences républicaines. Désarmer la police municipale
- Mettre fin au sous-équipement de la police en matériel essentiel (armes exclues), offrir une meilleure formation pour la police, de meilleures conditions de travail, et rénover les commissariats

Une justice efficace, rapide et humaine
- Dépenser un milliard supplémentaire dans la justice pour notamment recruter 3000 magistrat.e.s et 8000 agent.e.s de tribunaux
- Créer 20 000 postes d'educateur.rice.s spécialisé.es, d'assistant.e.s socia.ux.les, de psychologues, pour la justice des mineurs
- Axer la justice des mineur.e.s sur la prévention, créer des centres des droits de l'enfant.
- Généraliser les Maisons de justice et du droit pour traiter à proximité les affaires peu graves
- Dépénalisation des infractions non pertinentes, privilégier les travaux d'intérêts généraux dans tous les cas possibles et développer des peines alternatives à la prison
- Revoir les conditions de détention et les améliorer pour garantir les droits de l'homme

Immigration

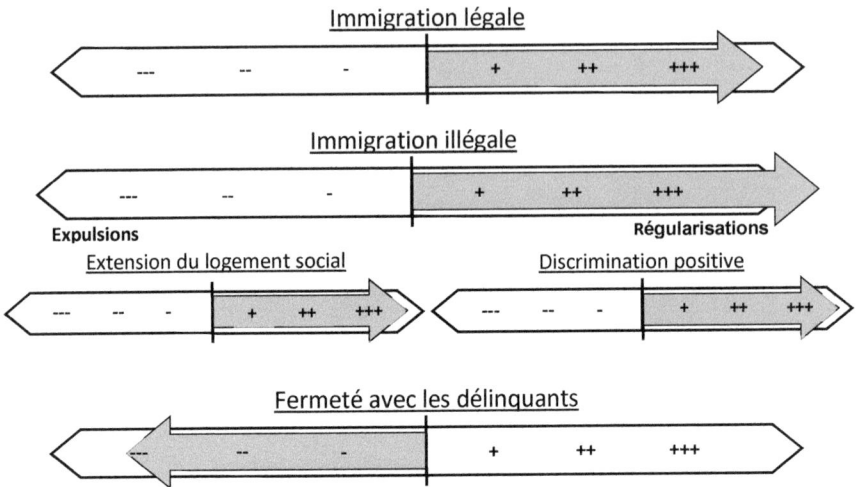

Pouvoir d'achat

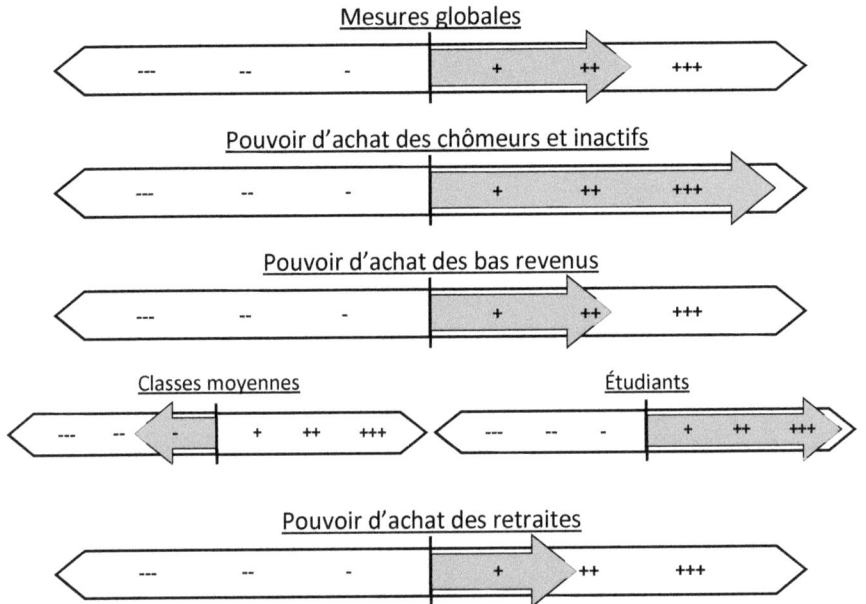

Remplir notre devoir d'accueil envers toutes et celles et ceux qui vivent en France
- Une société qui n'exclue pas mais qui accueille : Large régularisation des sans-papiers, et respect des droits des etranger.ère.s. Régularisation systématique pour les travailleu.rs.ses sans-papiers, fin des expulsions et des retentions, émission de davantage de visas
- Attribution d'un titre de séjour temporaire aux etranger.ère. s qui n'entrent pas dans les critères actuels de l'asile ou du droit du travail
- Application pleine du regroupement familial, régularisation des parents pour les enfants né.e.s en France
- Garantie du droit à la sante pour toutes les personnes étrangères
- Mise en place de corridors humanitaires, pour garantir tout au long du parcours migratoire, un accueil digne des refugié.es

L'accès de tou.te.s aux droits fondamentaux
- Lutter contre le racisme en tout genre y compris dans les médias
- Rendre obligatoire des formations sur l'inclusion et la diversité pour les entreprises. Rendre obligatoire l'anonymisation des CV.
- Reconnaître une liberté de conscience totale. Arrêter de bannir les signes religieux de l'espace public. Renforcement de la mixité sociale et scolaire
- Proposition de loi "tendant à la réparation des préjudices résultant de la traite et de l'esclavage colonial"
- Etendre la loi SRU pour construire des logements sociaux dans toutes les communes

Personne dans la pauvreté
- Le revenu universel d'existence (RUE) sera attribué à toute personne majeure sans aucune condition, et contribuera donc à améliorer les conditions de vie des étudiant.e.s et de certain.e.s retraité.e.s.
- Revaloriser nos acquis sociaux et les étendre (retraite, famille, maladie, accidents du travail, chômage, logement, etc.). Chèque énergie de 400 euros pour 6 millions de ménages
- Augmentation du SMIC de 10 %, qui passe à 1500 euros net.
- Pas de retraite en dessous du SMIC, réduction des inégalités hommes-femmes pour les retraites

Travailler pour vivre plutôt que vivre pour travailler
- Création de 30 000 emplois aidés pour les jeunes
- Favoriser les plateformes coopératives d'activité et d'emploi (CAE) pour lutter contre l'uberisation. Création d'une autorité de contrôle des algorithmes
- Renforcer la démocratie dans l'entreprise
- Lutter contre les maladies professionnelles, plan antistress et lutte contre les troubles musculosquelettiques
- Redonner des moyens à l'inspection du travail
- Instaurer une 6ème semaine de congés payés pour s'inscrire dans une école populaire

Plus de sans-abri
- Lutte pour octroyer des logements à tout le monde, majoration de la taxe foncière contre la sous-occupation de certains logements, développement du dispositif zéro sans-abri.
- Augmentation de moyens pour l'hébergement d'urgence, charte de l'hébergement pour offrir des logements adaptés aux personnes avec des besoins spécifiques (handicap, familles, femmes isolées, enfants, LGBTQIA+)

Écologie

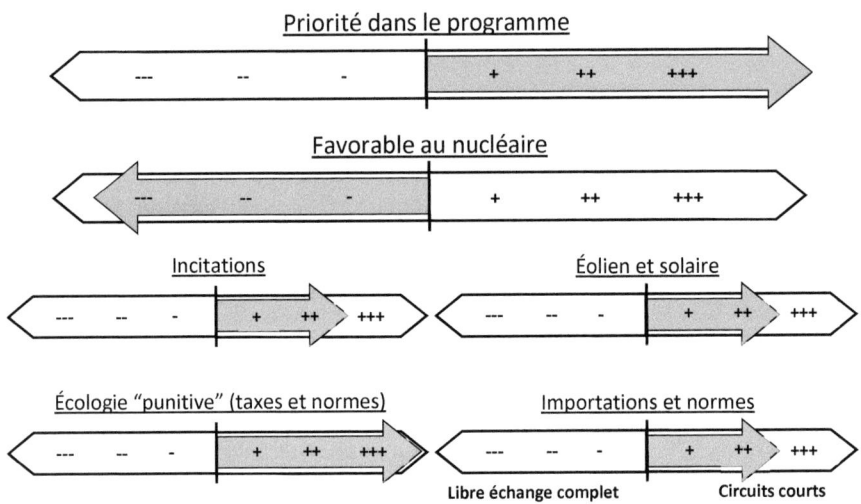

Santé

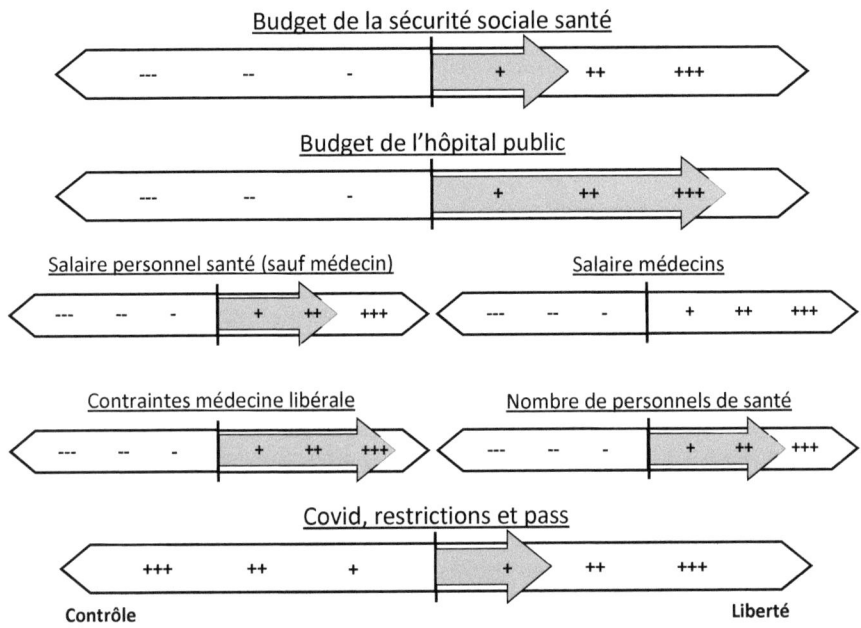

L'écologie sous toutes ses formes, une priorité absolue
- Inscrire le climat, la biodiversité et les limites planétaires dans la Constitution
- Reconnaître le crime d'écocide, et mettre en place une justice environnementale, avec reconnaissance des atteintes contre l'environnement (délit)
- Relever l'objectif de réduction nette d'émissions de gaz à effet de serre à -60% en 2030 par rapport à 1990
- Stopper l'artificialisation des sols en appliquant dès 2025 dans nos territoires l'objectif de zéro artificialisation
- Passer l'investissement dédié à la transition écologique de 15 à 65 milliards d'euro annuels
- Interdire l'usage des plastiques non recyclables
- Assainir l'agriculture et aider les paysan.ne.s qui respectent les normes environnementales, et instaurer un prix minimum de vente
- Investir massivement dans la rénovation thermique des logements

Tenir compte des animaux et de la nature
- Encadrement strict de la chasse et abolition des pratiques les plus cruelles (déterrage, piégeage, chasse à courre), assurer la pérennité des espèces animales sauvages, interdire la corrida, les combats de coqs, taxer les peaux d'animaux, mettre en place une nouvelle politique forestière et une pêche plus durable
- Budget biodiversité, corollaire du budget climatique : un dispositif économique, financier et fiscal au service de la protection de la nature, afin de conditionner l'intervention publique et d'évaluer les impacts de l'action privée

Une manière différente de procéder
- Accroître la recherche publique en santé et encadrer le privé
- Renforcer les évaluations de l'impact et des conséquences des stratégies et des politiques
- Davantage de santé dans la formation des professionnel.le.s de la santé
- Lutter contre les inégalités sociales dans les soins
- Regrouper le sanitaire et le psycho-social pour le bien-être de tous
- Démocratie sanitaire : c'est la personne et sa communauté qui connaissent au mieux leurs besoins et limites. Droit de mourir dans la dignité en refusant les soins
- Accès pour les mineurs aux bloqueurs hormonaux

Un accent sur la prévention
- Etudier les déterminants sanitaires, sociaux, démographiques et environnementaux
- Renforcer le système de protection sanitaire
- Renforcer l'éducation à la santé à tous les âges
- Soutenir les structures publiques et associatives de dépistage et de prévention
- R0.3enforcer la médecine scolaire, universitaire et du travail
- Reconnaître le burn-out et investir dans la santé mentale

Une meilleure offre sur tout le territoire
- Recrutement de 100 000 infirmiers.ères, et revalorisation de 10 % des salaires du personnel soignant
- Planification de la juste répartition des cabinets libéraux et des centres de santé, de la protection maternelle infantile et des foyers accueillant du public fragile
- Plan d'amélioration des conditions de travail et de recrutement à l'hôpital
- Réforme de l'hôpital qui ne doit pas être perçue une industrie rentable, et ajout de 10 000 lits
- Amélioration du statut des aidants

Remarques

Comme pour tous les programmes, nous avons cherché à rester concis. Néanmoins, voici quelques points que l'on aurait pu aborder.

Son programme aborde également l'écologie d'autres angle, et tous les aspects de celle-ci sont discutés, parmi lesquels la sobriété énergétique, l'impact du numérique, et beaucoup d'autres. Pour Yannick Jadot, l'écologie est aussi une façon de penser, d'interagir avec la nature et d'interagir les uns avec les autres.

Les questions de démocratie sont très présentes tout au long du programme, et il vise à renforcer celle-ci dans la ville, l'entreprise, la société, la république, la justice, l'Europe.

Le programme de Yannick Jadot peut être considéré comme libéral dans la mesure où les entreprises sont au centre de l'appareil productif. Néanmoins, une révision de leur manière de se comporter et de fonctionner est prévue. Nous n'avons malheureusement pu trouver que très peu de chiffres dans le programme de Yannick Jadot, et les valeurs sur les flèches ont parfois été inférées à partir de l'état d'esprit des mesures proposées.

Il est question dans le programme d'une VIème république, pour séparer davantage les pouvoirs. Un 49.3 citoyen, ainsi qu'un nouveau système électoral, sont proposés. Yannick Jadot est un Européen convaincu, et est en faveur d'un renforcement de l'Union Européenne.

La question des transexuel.le.s est très présente dans tout le programme. Il en est de même pour l'intégralité des questions posées par les personnes LGBTQIA+. C'est par ailleurs le seul programme à être entièrement rédigé en écriture inclusive. Des mesures de lutte contre la discrimination des personnes avec une apparence différence, homosexuel.le.s, des femmes, des parents de même sexe, des LGBTQIA+, sont abordées. Par exemple, Les changements de prénoms seront facilités pour les changements de sexe, et une lutte sera menée contre le racisme ou l'islamophobie dans les médias.

Valérie Pécresse

Politique générale de l'État

Politique de l'État
Libérale +++ ++ + | + ++ +++ Interventionniste

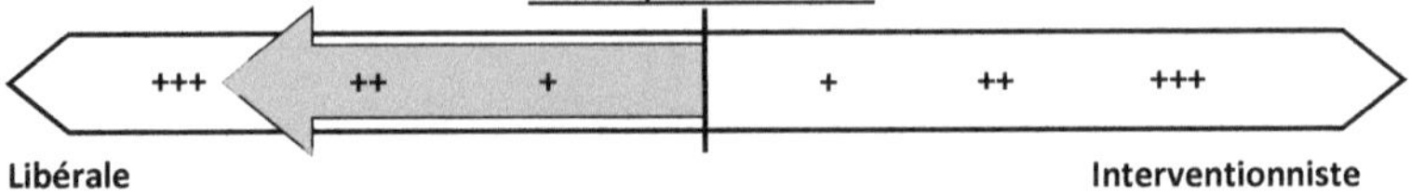

Économies et Nouvelles recettes
--- -- - | + ++ +++

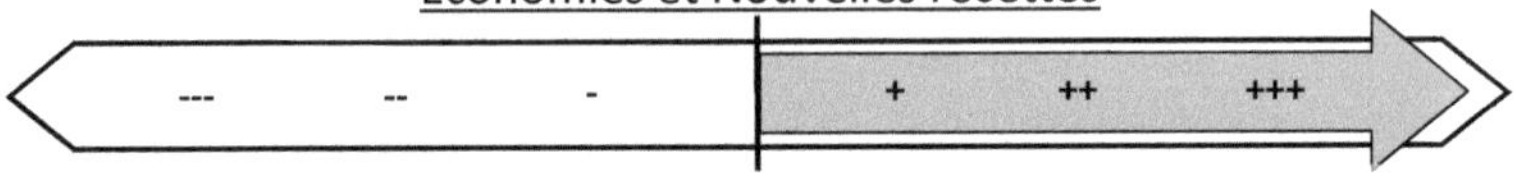

Nouvelles dépenses
--- -- - | + ++ +++

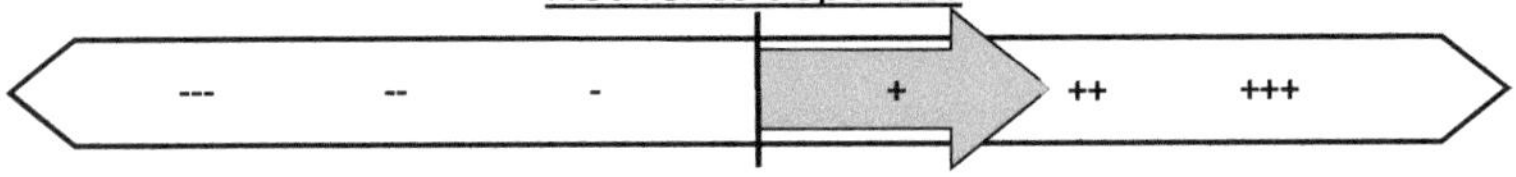

Nombre de fonctionnaires
--- -- - | + ++ +++

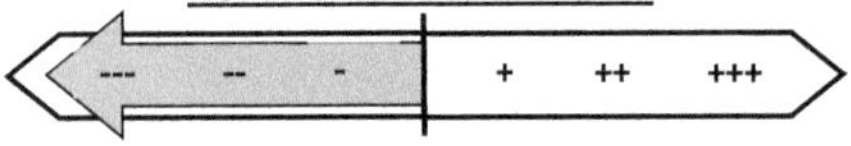

Âge de départ à la retraite
--- -- - | + ++ +++

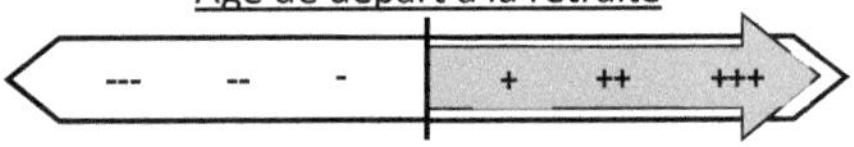

Aides sociales
--- -- - | + ++ +++

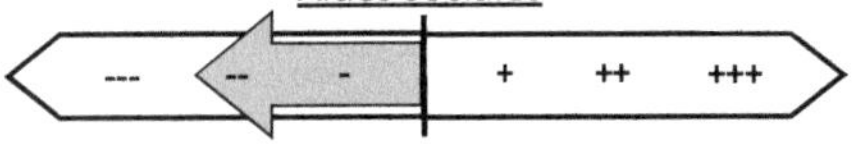

Minima sociaux
--- -- - | + ++ +++

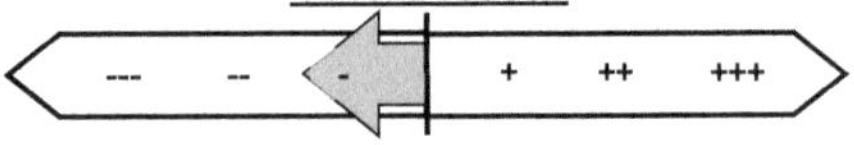

Economie

Impôts et charges des grandes entreprises
--- -- - | + ++ +++

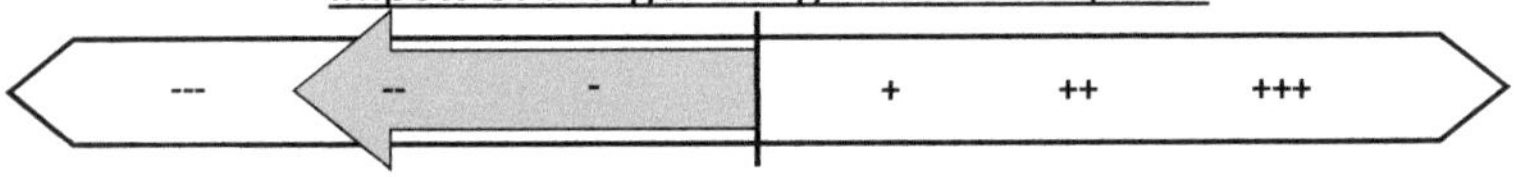

Impôts et charges des petites entreprises
--- -- - | + ++ +++

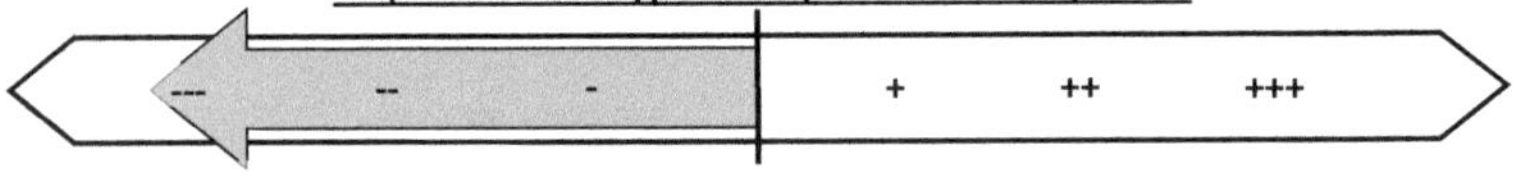

Protectionnisme, commande publique
Concurrence libre +++ ++ + | + ++ +++ Aide de l'État

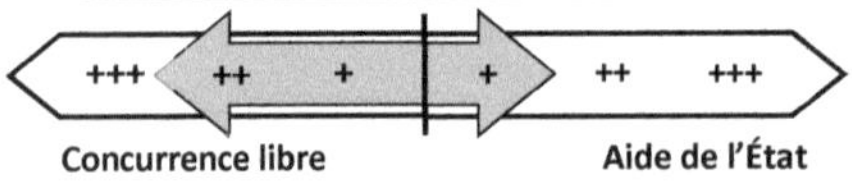

Relance de l'économie
Investissements publics +++ ++ + | + ++ +++ Compétitivité

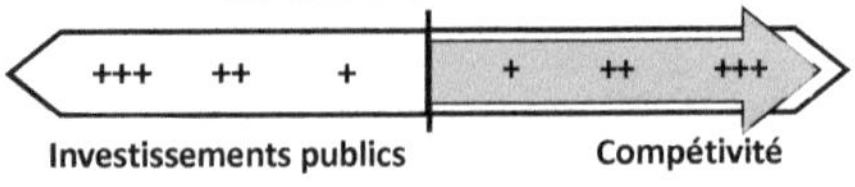

Un programme de droite assumé : les mots « liberté » et « libérer » apparaissent 74 fois dans le programme
- Libérer les entreprises de l'excès de charges, de bureaucratie et de normes
- Libérer la France du surendettement, en faisant des économies
- Libérer les territoires du centralisme excessif, en transférant des compétences aux collectivités locales, et en particulier aux régions
- Libérer l'Etat de la bureaucratie
- Mettre fin aux 35 heures, libéralisation du temps de travail. Il sera négocié par branche ou par entreprise. En l'absence d'accord, ce sera 39 heures payées 39

"Moins d'impôts, moins de dépenses, moins de dette"
- Restructuration du "mille-feuilles" territorial
- Suppression de 200 000 postes de fonctionnaires
- Mise en place d'un "comité de la hache" pour une simplification administrative massive et supprimer 500 des 1500 structures para-Étatiques
- Opération vérité sur le "quoi qu'il en coûte" pour arrêter les dépenses inefficaces
- 76 Mds d'euro de recettes supplémentaires ou d'économies, contre 31 Mds d'euro de dépenses nouvelles, soit 45 milliards d'euro d'économie par an au total

Le travail est encouragé, c'est lui qui redressera l'économie
- L'âge de la retraite sera porté à 65 ans en 2030
- Davantage de pouvoir d'achat pour ceux qui ont travaillé toute leur vie
- Les indemnités chômages seront davantage dégressives
- Le travail sera plus rémunérateur, de 1500 euros par an pour un SMIC à 3300 euros par an pour 2.2 SMIC
- Renforcement des dispositifs d'intéressement dans les entreprises pour les salariés, une partie du capital détenu par les salariés
- L'assistanat sera supprimé

Un encouragement massif pour les entreprises
- Vente des participations minoritaires de l'Etat-actionnaire, qui représenteront 15 milliards d'euros de recettes de privatisation d'ici 2027
- Réduction drastique des normes et des délais administratifs, en particulier sur les PME.
- Accélération et encadrement des délais de jugement pour les grands projets d'infrastructures
- Renforcement du Crédit Impôt Recherche pour qu'il bénéficie davantage aux PME
- Suppression de la Contribution Sociale de Solidarité des Sociétés

Garantir notre souveraineté économique face à la concurrence déloyale
- Créer un haut conseil de la souveraineté économique et numérique, qui s'occupe des investissements étrangers
- Aller dans la direction d'une préférence européenne pour la commande publique
- Se diriger vers la création d'un "cloud souverain" d'ici 2030, réalisé par des entreprises françaises et européennes
- Créer une École Nationale du Numérique
- Fusionner le Ministère de la recherche et celui de l'industrie
- Mettre en place un plan pour l'agriculture française

Éducation, enseignement supérieur et recherche

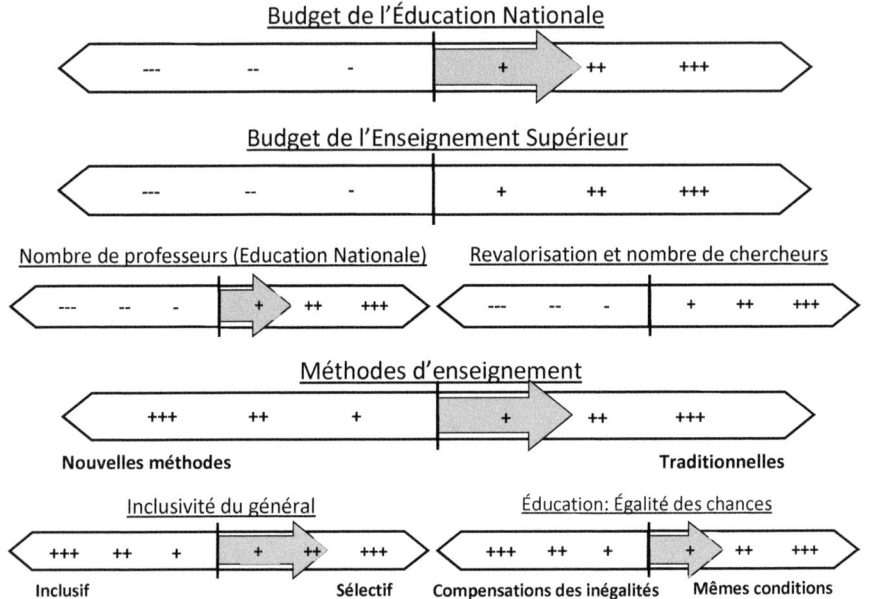

Sécurité et Justice

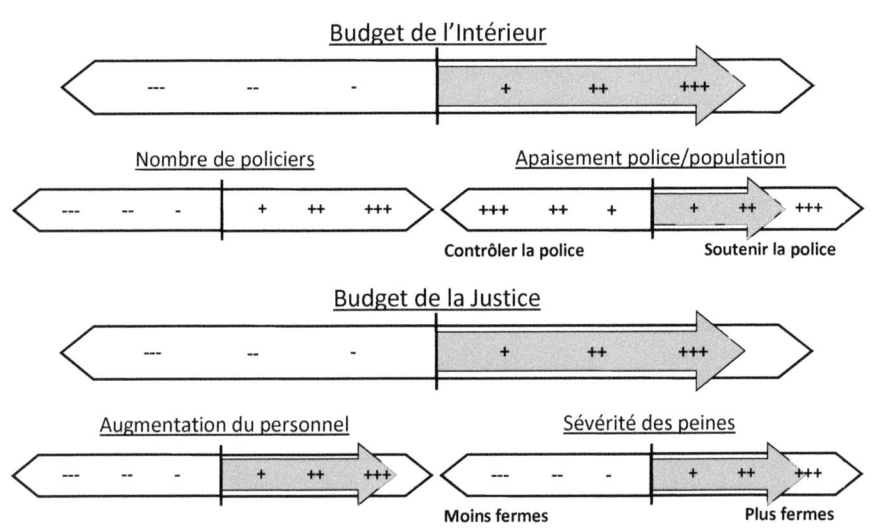

Une école des fondamentaux
- Deux heures de français et une heure de mathématiques hebdomadaires supplémentaires au primaire
- Examen d'entrée en 6ème. Les enfants qui ne réussiront pas l'examen seront accueillis dans des classes de consolidation pour les aider à se mettre au niveau. Mobilisation d'enseignants retraités

Une école du respect
- Création de structures de réinsertion scolaire avec un encadrement renforcé pour les élèves les plus perturbateurs
- Tous les faits d'agression ou d'outrages envers un enseignant donneront lieu à des poursuites judiciaires
- Création d'un conseil des droits et devoirs des familles dans les villes, qui cherchera des solutions pour les enfants en difficulté et qui peut suspendre les allocations des parents défaillants
- Revalorisation de la carrière des enseignants et amélioration des conditions en début de carrière

Accorder plus d'autonomie
- Plus d'autonomie pour tous les établissements
- Création d'établissements publics sous contrat, qui auront un triple contrat : avec l'Etat, avec les enseignants et avec les parents ainsi que les élèves. Le chef d'établissement aura la liberté de recrutement. Il devra suivre les programmes fixés par le Ministère
- Fixer comme objectif d'atteindre 10% d'établissements scolaires sous contrat dans 5 ans
- Lancer la deuxième étape de l'autonomie des universités, commencée en 2007, pour renforcer notre recherche sur la scène internationale

Encourager la formation d'apprentis
- Exonération totale de charges patronale pour toutes les entreprises de moins de 10 salariés qui prennent un jeune en apprentissage

La sécurité, une priorité
- Grand plan d'investissement de 25 milliards d'euros sur 5 ans, pour rénover les bâtiments de la police et les casernes, remplacer les véhicules, investir dans les outils technologiques et scientifiques, et réarmer la police municipale
- Investir 3 milliards d'euro supplémentaires dans la justice

Une justice qui applique les peines
- Construire 20 000 places de prison supplémentaires, et diversifier davantage les prisons
- Moderniser la chaîne judiciaire et simplifier les procédures pénales
- Instaurer des peines minimales pour les récidivistes et les auteurs de violences contre les représentants de l'État
- Suspendre les allocations pour les parents de mineurs délinquants

Lutter contre l'islamisme radical
- Extension de l'incrimination d'intelligence avec l'ennemi à toute personne soupçonnée de collusion avec des réseaux terroristes
- Expulsion pour menace à l'ordre public de tous les étrangers dont le comportement participe à l'islamisme radical
- Fermeture des mosquées qui tiennent un discours hostile à la France

Immigration

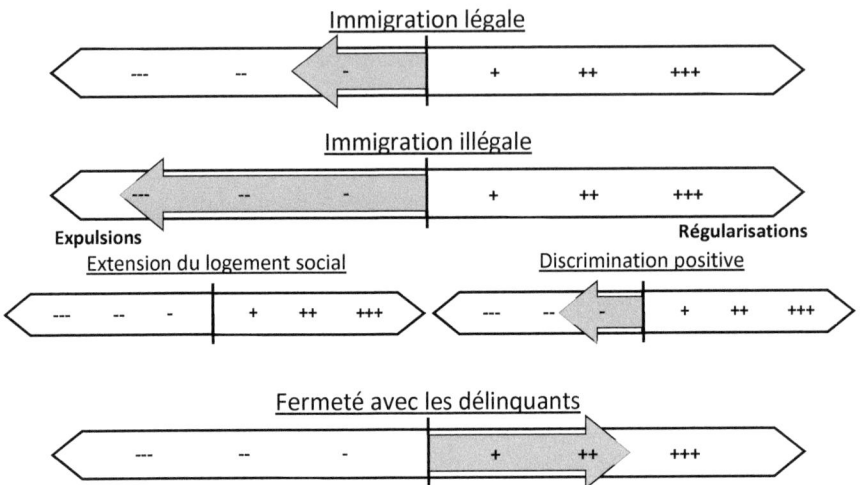

Pouvoir d'achat

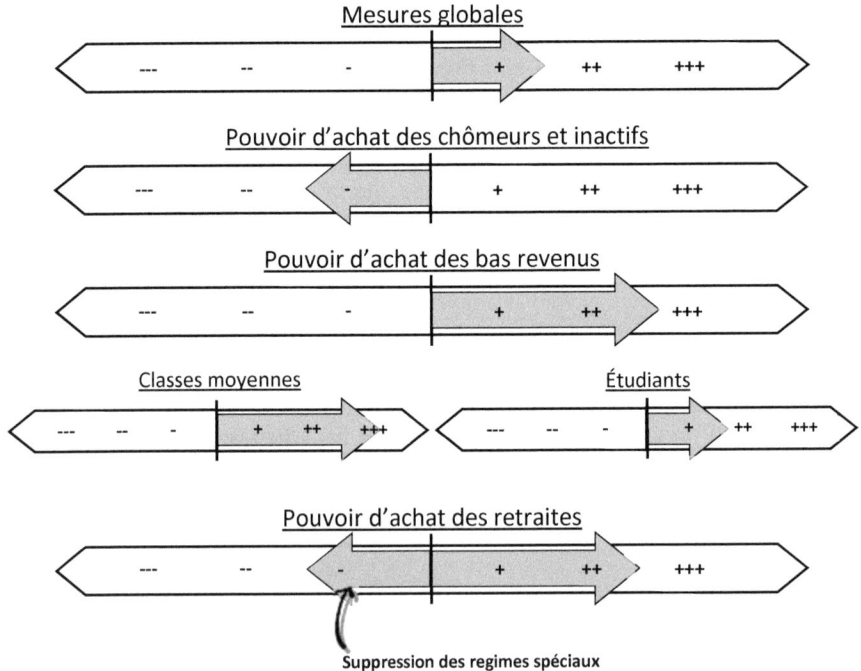

Contrôler l'immigration légale
- Instaurer un plafond d'immigration légale annuel qui dépend de nos capacités d'intégration
- Modifier l'aide médicale d'État
- Conditionner l'obtention d'un titre de séjour à une maitrise de la langue française et de notre mode de vie, vérifiée par un examen
- Suspendre la délivrance de nouveaux visas d'entrée aux ressortissants des pays qui refusent de délivrer des laissez-passer consulaires pour le retour des clandestins

Réagir face à l'immigration illégale
- Stopper les régularisations d'immigrés illégaux (30 000 par an).
- Intensifier l'affrètement des avions charters d'éloignement avec le soutien de Frontex
- Rendre obligatoire les demandes d'asile à l'étranger dans les ambassades françaises
- Supprimer le versement des prestations sociales non contributives à tous les étrangers qui n'ont pas résidé 5 ans de manière régulière en France
- Supprimer les aides sociales aux clandestins, supprimer le droit du sol automatique, et vérifier que les mineurs isolés sont mineurs

Une fermeté accrue
- Expulsion des immigrés illégaux et des étrangers condamnés à de la prison ferme
- De nombreuses autres mesures sont consultables dans le programme, en particulier contre l'islamisme radical et pour l'intégration

---

Encourager le travail par une augmentation des revenus
- Augmentation de 10% des salaires nets jusqu'à 2.2 SMIC, soit 1510 euros net/an pour un SMIC et 3321 euros net/an pour 2.2 SMIC
- 10% du capital des entreprises sera détenu par les salariés
- Maintien et extension des dispositifs d'intéressement
- Poursuite de l'assurance chômage, en renforçant la dégressivité des allocations après six mois, pour inciter les personnes sans emploi à reprendre plus rapidement un travail ou une formation
- La reprise de l'activité économique devrait augmenter les salaires et créer de l'emploi

Pour les jeunes, c'est le travail qui doit payer
- Suppression du contrat d'engagement, qui est un RSA jeune.
- Remplacement par un revenu jeune actif (RJA). Il sera d'un montant de 670 euros par mois et ne sera octroyé que pour une vraie formation qualifiante dans un secteur en tension

Des retraites plus tard qui paient mieux
- L'âge de la retraite sera porté à 65 ans en 2030
- Aucune retraite en dessous du SMIC pour une pension complète
- Prise en compte de la pénibilité, et revalorisation des conjoints collaborateurs (artisans, commerçants, agriculteurs ...)
- Fin des régimes spéciaux (reprise de la reforme abandonnée)
- Bien meilleures pensions pour les veufs et veuves (75% au lieu de 54% de la pension du conjoint)

Écologie

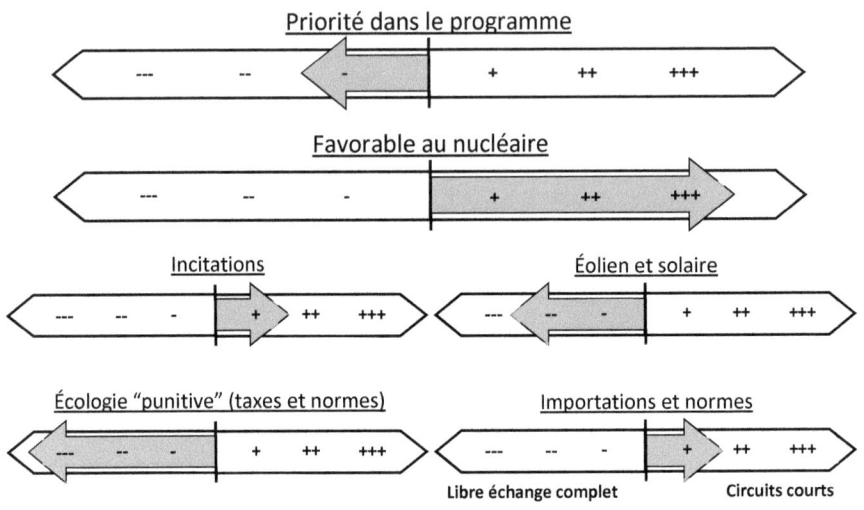

Santé

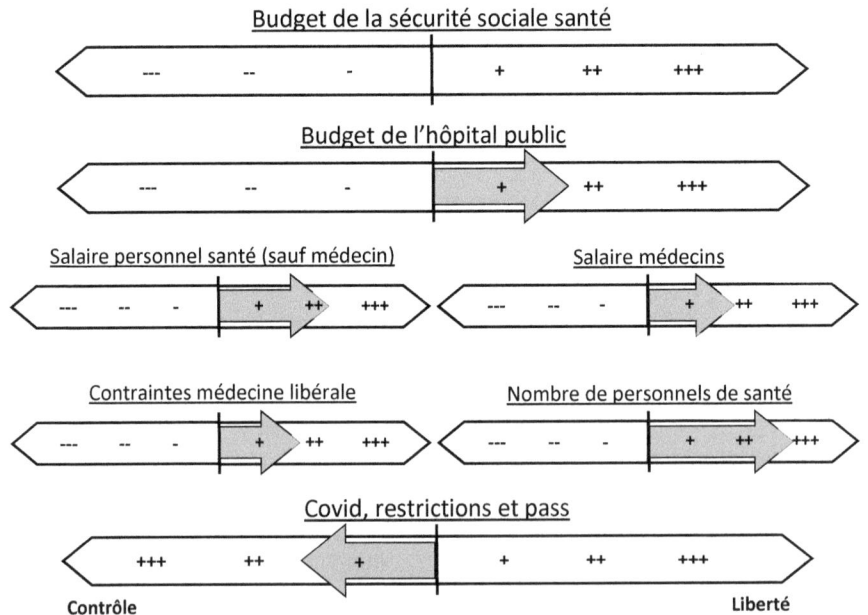

L'écologie, un combat à mener sans oublier l'économie
- Aller dans le sens de l'instauration d'une taxe carbone à la frontière de l'UE, contre le dumping social et environnemental
- Création du livret vert afin de mobiliser l'argent disponible et diriger 120 milliards d'euros sur 5 ans pour financer des projets bas carbone
- Aucun véhicule neuf 100% thermique en 2035
- Développement d'incitations financières plutôt que de taxes dans une logique incitative plus que punitive

Le nucléaire : un atout à conserver
- Réinvestissement dans les centrales existantes
- Lancement de 6 nouveaux EPR
- Redémarrage du projet Astrid, et soutien au développement de petits réacteurs modulaires
- Développement de l'hydrogène vert pour améliorer nos capacités de stockage

La protection des espaces naturels
- Délimiter des zones d'interdiction d'implantation d'éoliennes
- Atteindre l'objectif de 10% du territoire maritime nationale sous protection forte
- Éradication des rejets de plastique en mer
- Création d'une réserve écologique citoyenne pour nettoyer les espaces protégés, regroupant associations, volontaires et personnes devant effectuer des travaux d'intérêts G

Donner un nouveau souffle à l'hôpital et à la santé
- Recruter 25 000 soignants supplémentaires en 5 ans à l'hôpital public
- Associer la médecine de ville, l'hôpital public et les hôpitaux privés
- Débureaucratiser l'hôpital, et mettre en place un mode de financement davantage tourné vers la qualité des soins
- Revaloriser la carrière des infirmiers et des sage-femmes
- Augmenter le nombre de médecins (cf. suite)
- Étendre à toute la France la garantie immobilière solidaire pour annuler les surprimes d'assurance

Deux axes pour les déserts médicaux
- Déverrouiller en pratique le numerus clausus (qui réduit le nombre de médecins), en permettant aux personnels paramédicaux ayant déjà cinq ans d'études supérieures de rejoindre le deuxième cycle des études médicales
- Proposer une incitation financière par région "lutte contre la désertification sanitaire" pour inciter les médecins, les dentistes et autres professionnels de santé débutants à s'installer dans les zones déficitaires

Prendre en charge les handicaps
- Scolariser les handicapés dans des milieux ordinaires plutôt que dans des établissements spécialisés.
- Contraindre les entreprises et les associations à respecter le taux de 6 % de personnes en situation de handicap
- Accompagner véritablement les familles, revaloriser des métiers de l'accompagnement spécialisé

Remarques

Comme pour tous les programmes, nous avons cherché à rester concis. Néanmoins, voici quelques points que l'on aurait pu aborder.

Valérie Pécresse a participé au gouvernement de Nicolas Sarkozy. Du 18 mai 2017 au 29 juin 2011, elle est Ministre de l'Enseignement supérieur et de la recherche ; Du 29 juin 2011 au 10 mai 2012, elle est porte-parole du gouvernement et Ministre du Budget, des comptes publics et de la réforme de l'État.

Les thèmes du travail, de l'économie et de l'immigration sont centraux dans son projet et ses discours. Pour le travail, une stratégie mise en œuvre sera d'augmenter l'écart des revenus entre un actif et un inactif. Pour l'immigration, elle considère qu'une politique plus ferme doit être menée. La question des finances publiques a également une place très importante dans son projet et elle considère que les erreurs doivent être réparées et les déficits doivent être comblés. C'est la raison pour laquelle son programme comporte de nombreuses économies, mais quelques dépenses nouvelles sont également proposées pour relancer l'économie. Son programme est par ailleurs chiffré.

Valérie Pécresse veut reprendre le contrôle de tout le territoire. Elle propose par exemple de mettre en place des brigades « coup de poing » dans les quartiers difficiles, qui combinent la police, la justice, le fisc et l'armée si nécessaire.

Le programme de Valérie Pécresse proposition la suppression de 200 000 postes de fonctionnaires, mais nous n'avons pas réussi à comprendre dans quels secteurs, puisqu'en ce qui concerne les thèmes que nous avons abordés, il est plutôt question d'un maintien voire d'une légère augmentation du nombre de fonctionnaires. Une piste possible est donc la diminution du nombre de postes dans la gestion de l'administration.

La lutte contre les violences faites aux femmes est également un thème présent dans le programme, avec diverses mesures dédiées.

Éric Zemmour

Politique générale de l'État

Economie

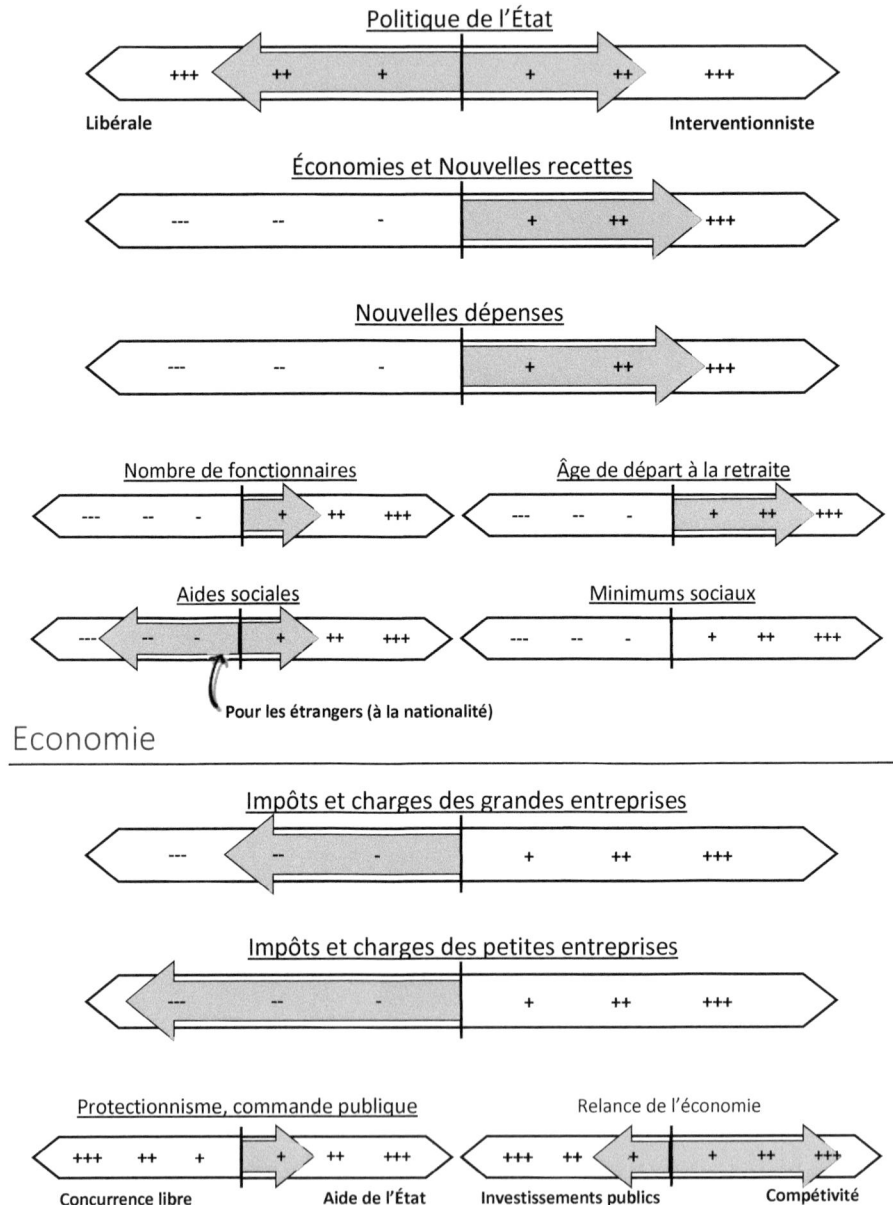

Une politique qui met la France au centre
- Relancer l'économie française par de nombreuses mesures de réductions importantes de charges et de simplifications pour les entreprises
- Instaurer une politique de long terme plutôt que des chèques distribués aux français pour rendre à la France sa grandeur
- Améliorer les services publics par un meilleur financement et une exigence renforcée
- Faire de la restauration de la paix civile une priorité
- Créer un ministère de l'industrie, et soutenir et relancer massivement l'industrie
- Recréer une école d'excellence

Pour financer ses projets, la France ne doit pas gaspiller son argent et doit concentrer ses moyens
- Supprimer les aides sociales non contributives aux étrangers (les personnes qui n'ont pas la nationalité française)
- Faire exécuter les peines de prison à l'étranger pour les délinquants et criminels étrangers
- Traiter les demandes d'asile à l'étranger
- Lutter réellement contre la fraude sociale, en sanctionnant et contrôlant davantage. De nombreuses mesures sont décrites dans le programme.
- Injecter moins d'argent dans les banlieues
- Porter l'âge de la retraite a 64 ans avec des différences selon les professions et les âges de début de carrière

Revitaliser la France rurale
- Restaurer les services publics de proximité, notamment dans la santé, la sécurité et l'éducation
- Recruter d'urgence 1000 médecins salariés pour combler les déserts médicaux, et prendre des mesures de long terme
- Reconnecter, en accélérant le déploiement de la 4G et en améliorant l'accès aux transports en communs partout sur le territoire

Une réindustrialisation planifiée par l'État, et réalisée par les entreprises
- Création de « zones franches industrielles » dans les régions touchées par la désindustrialisation
- Mobiliser des fonds (livret A) pour investir dans les entreprises

La relance économique et industrielle au centre du projet
- Réduction massive des impôts de productions (prélevés avant bénéfices), de 30 milliards supplémentaires
- Baisse du taux d'impôts sur les sociétés à 15 % pour les petites entreprises, les artisans, les commerçants
- Simplification des démarches administratives pour tous les entrepreneurs
- Allouer 0,8 % du PIB supplémentaire dans la recherche et développement, pour passer de 2,2 % à 3 %

Favoriser la production française
- Réduire les droits de donations et successions pour la transmission d'entreprises familiales, pour que les petites entreprises soient léguées à ses enfants plutôt que vendues à des chinois ou à des américains
- Obliger la commande publique à privilégier les produits français (préférence nationale)
- Mettre en place un « Patrie-score » pour indiquer la provenance française d'un produit

Éducation, enseignement supérieur et recherche

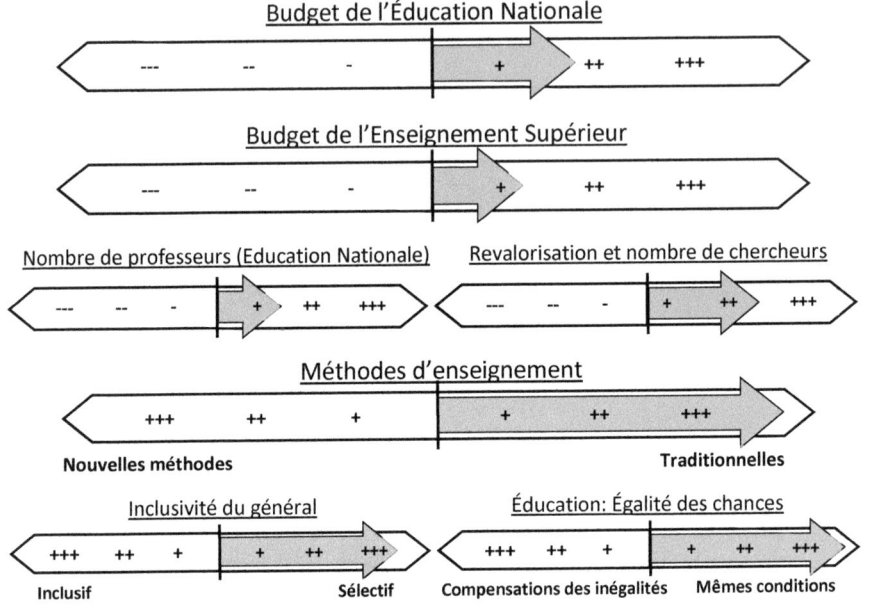

Sécurité et Justice

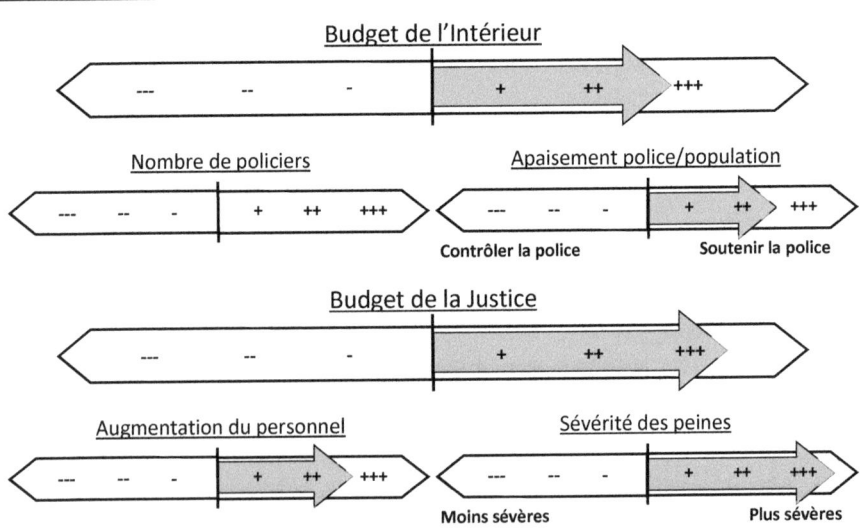

Une restauration de l'excellence française
- Création d'un grand ministère de l'instruction publique
- Recruter et former mieux les professeurs, augmenter les primes et accélérer la progression des carrières au mérite
- Faire porter une partie de la discipline des élèves par les parents et le personnel administratif et non plus entièrement par les professeurs
- Soutenir massivement la recherche française

Un retour aux méthodes traditionnelles qui ont fait le succès de la France et qui font aujourd'hui le succès des pays asiatiques
- Suppression des expériences pédagogiques dont les enfants sont les cobayes (sans évaluation, thématiques, etc.) et retour de certaines méthodes qui ont fait leurs preuves
- Rétablir l'autorité, les CPE deviennent des surveillants généraux, et rétablir le port de la blouse à l'école primaire
- Reprendre les fondamentaux, lire, écrire et compter, et éviter la propagande des lobbys (LGBT, etc.)
- Créer des internats de réinsertion pour les élèves posant de graves problèmes de comportement

Le retour de l'exigence et du mérite
- Rétablir le certificat d'études à la fin du primaire
- Restaurer les trois filières, scientifique, littéraire et économique en faisant de chacune une voie exigeante
- Abroger le collège unique, pour que les élèves en difficulté progressent davantage, et que les bons élèves progressent davantage également
- Créer des classes d'excellence littéraires et scientifiques au lycée
- Rendre le Baccalauréat anonyme et national

Le retour à la paix civile est une urgence
- Recruter 3000 magistrats et 3000 greffiers supplémentaires
- Construire 10 000 places de prison supplémentaires pour les désengorger
- Modifier la loi sur la légitime défense, pour la rapprocher du droit Suisse, afin de permettre à des policiers qui seraient agressés de se défendre

Vaincre la délinquance
- Créer une force nationale anti-drogue
- Expulser les trafiquants des logements sociaux, et supprimer les aides sociales aux délinquants et à leurs parents s'ils sont mineurs
- Défendre enfin le droit de propriété en expulsant les squatteurs en moins de 72h

Une justice plus ferme et plus crédible
- Abaisser l'âge de la majorité pénale de 18 à 16 ans
- Suspendre les aides sociales pour les parents de mineurs délinquants ou criminels
- Instaurer des peines plancher, réduire drastiquement les remises de peine et rétablir la perpétuité réelle
- Expulser les criminels et délinquants récidivistes étrangers, et déchoir de la nationalité française les binationaux

Immigration

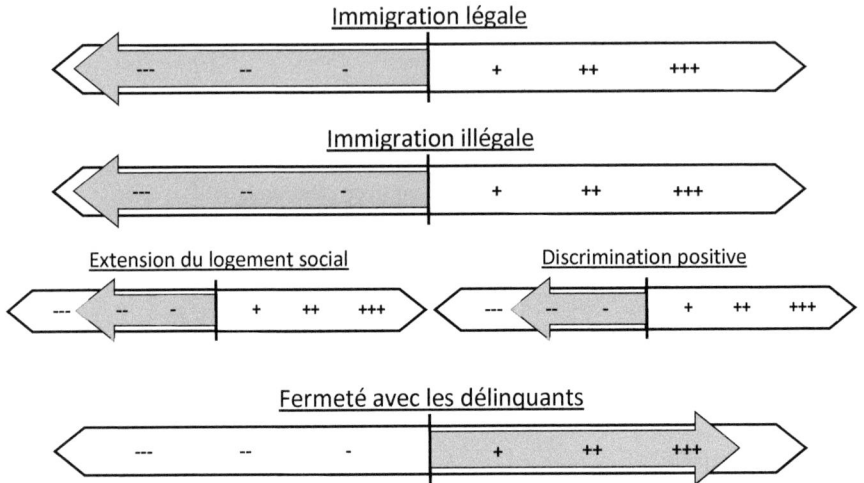

Pouvoir d'achat

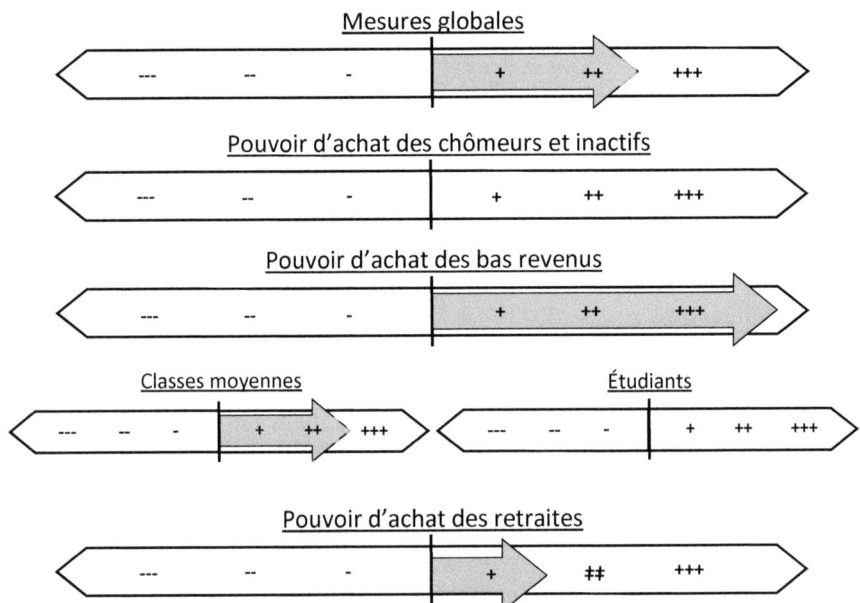

Une réduction drastique des flux migratoires légaux et illégaux
• Suppression du regroupement familial qui représente 70 000 immigrés par an et constitue une incitation à venir pour de nouveaux immigrés
• Limiter le droit d'asile à une poignée de personnes, comme au Japon (actuellement 81000 demandes en France contre 3900 au Japon, et 14 100 accordés en France contre 47 au Japon)
• Imposer aux demandeurs d'asile de faire leurs demandes à l'étranger, dans les consulats français

Supprimer les incitations
• Mettre fin au droit du sol et réduire de façon générale le nombre de naturalisations
• Rendre la nationalité française beaucoup plus difficile à obtenir
• Ne pas régulariser les étrangers rentrés illégalement sur le territoire
• Supprimer les aides sociales non contributives aux étrangers non européens, et supprimer l'aide médicale d'État

Une politique ferme
• Expulser les 10 000 étrangers actuellement en prison
• Renvoyer tous les étrangers clandestins
• Renvoyer les étrangers venus travailler après 6 mois sans emploi

---

Quelques mesures globales
• Fin de la redevance audiovisuelle, soit 136 euros par an
• Rétablissement de l'universalité des allocations familiales
• Doublement du quotient familial
• Éradiquer le fort taux de chômage chez les seniors, en instaurant un système de bonus/malus afin d'empêcher de licencier les seniors avant l'âge de la retraite

Une politique de long terme pour le pouvoir d'achat en deux axes
• Un redressement économique des entreprises et de l'industrie, créatrices de richesses, d'emplois et de promotions sociales, pour mettre fin au grand déclassement
• Le redressement économique du pays et la fin du gaspillage de l'argent des Français (financement de l'immigration, aide à la Chine qui est la deuxième puissance mondiale, et autres) permettront de réduire les impôts, prélèvements et taxes, dont le total représente plus de la moitié de la richesse nationale produite

Une revalorisation conséquente pour tous les travailleurs
• Augmentation du salaire net des travailleurs modestes en réduisant leur CSG (1200 euros par an, soit 100 euros par mois pour un travailleur au SMIC)
• Rétablissement du « travailler plus pour gagner plus », les heures supplémentaires seront totalement défiscalisées
• Abaisser le seuil de participation des entreprises de 50 salariés à 11 salariés
• Simplifications et exonérations d'impôts de la participation (environ 1500 euros par an)

Écologie

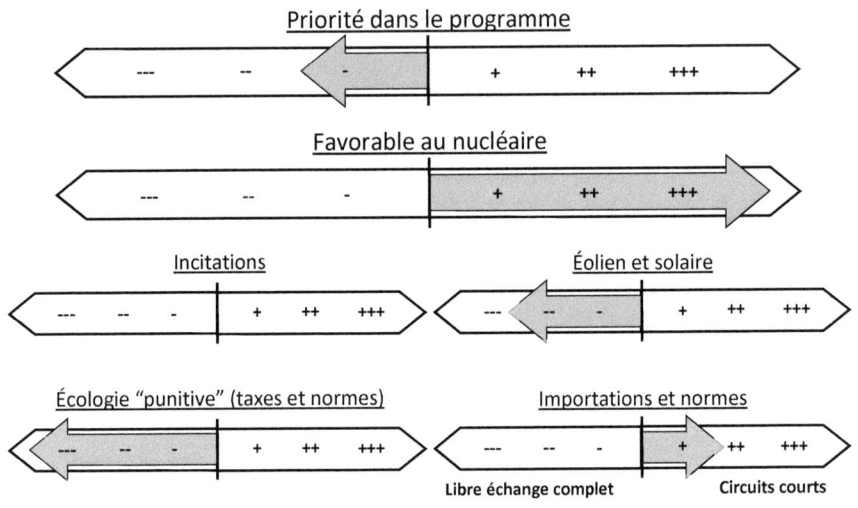

Santé

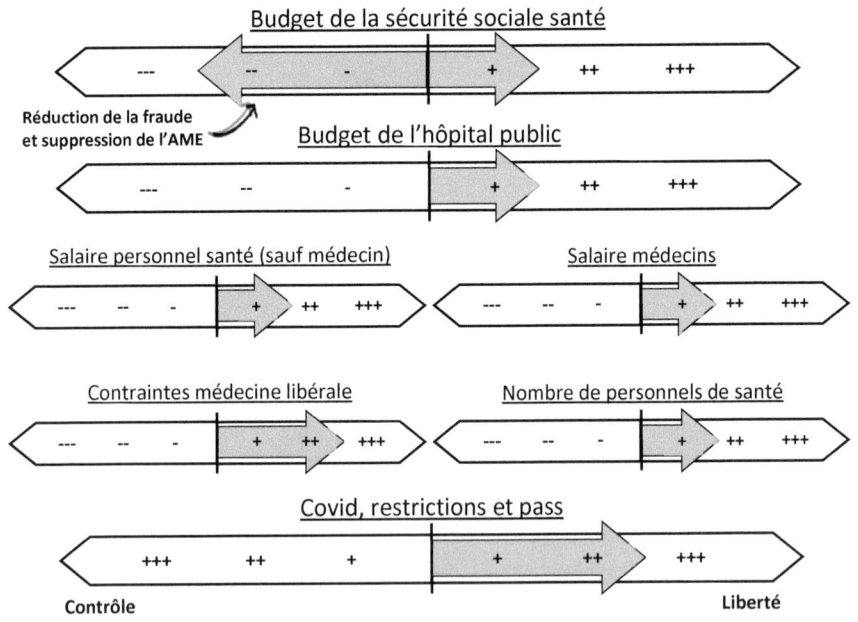

Une politique énergétique axée sur le nucléaire
- Poursuivre le nucléaire, qui ne produit que 12gCO2/kWh, contre 15gCO2/kWh pour l'éolien par exemple, et qui fait de nous l'un des pays les plus décarbonées au monde
- Favoriser le renouvelable thermique (géothermie, biomasse, pompes à chaleurs) pour réduire l'usage des énergies fossiles
- Planifier la construction de 14 nouveaux réacteurs nucléaires à l'horizon 2050
- Supprimer l'objectif de réduire à 50 % notre part du nucléaire à l'horizon 2035, et prolonger la durée de vie du parc existant à 60 ans au moins
- Relancer la recherche dans le nucléaire du futur, comme les réacteurs de 4ème génération (programme ASTRID), ou la fusion nucléaire (projet international ITER)

Il n'y a pas que le CO2
- Aborder le problème du plastique en faisant émerger une filière industrielle dans le recyclage des plastiques
- Interdire les projets de construction d'éoliennes (qui sont chinoises et viennent de loin)
- Interdire l'importation de produits alimentaires non conformes, privilégier les circuits courts, investir dans la robotique agricole pour moins dépendre des pesticides

Limiter l'artificialisation et la pollution des sols
- Abroger la loi SRU pour stopper l'expansion du logement social
- Aggraver les sanctions contre la pratique des décharges sauvages

---

Ne plus gaspiller son argent
- Créer une brigade nationale anti-fraude, et suspendre pendant cinq années les aides sociales à tout fraudeur récidiviste
- Mettre en place la carte vitale à empreintes digitales et imposer un contrôle physique annuel pour les bénéficiaires de prestations sociales résidant à l'étranger
- Supprimer l'aide médicale d'État

Résoudre le problème des déserts médicaux et de l'accès aux soins
- Rétablir l'obligation de garde des médecins supprimée en 2003, pour que tout le monde ne se retrouve pas directement aux urgences
- Faire embaucher en urgence 1 000 médecins par l'État afin de les envoyer comme salariés au sein des déserts médicaux, pour palier à l'urgence
- Régler le problème sur le long terme, en élargissant largement le numerus clausus, qui réduit le nombre de médecins

Adopter un positionnement différent sur certains sujets
- Relancer massivement la recherche médicale publique pour moins dépendre de l'industrie pharmaceutique
- Pour les enfants handicapés, renforcer des solutions alternatives à l'école, avec des établissements et des enseignants spécialisés, pour les enfants pour lesquels le handicap empêche de suivre correctement le cursus scolaire classique
- Mettre fin à la PMA

Remarques

Comme pour tous les programmes, nous avons cherché à rester concis. Néanmoins, voici quelques points que l'on aurait pu aborder.

Éric Zemmour était principalement connu comme polémiste, et son entrée en politique est très récente. Ses premiers propos pouvant faire penser à une future candidature datent de l'été 2021. Certains pensent donc qu'il n'a pas les compétences requises pour diriger le pays. D'autres à l'inverse se réjouissent du fait qu'il n'a pas les habitudes, le discours ni les travers d'un homme politique, et pensent qu'il tiendra davantage parole. Il propose pour chaque sujet quelques mesures fortes plutôt que de nombreuses petites mesures.

Les thèmes de l'immigration et de la réindustrialisation sont très présents dans le programme et dans le discours d'Éric Zemmour. Plus précisément, il s'inquiète du « grand remplacement » d'une part, et du « grand déclassement » d'autre part. Éric Zemmour considère aussi qu'il faut « arrêter d'emmerder les Français ». Éric Zemmour pense qu'il faut augmenter l'écart de revenus entre un chômeur et un travailleur.

Les notions de production française, de fierté retrouvée, d'identité, d'excellence et de mérite sont également très présentes dans son discours. Il a de plus une vision très ferme de la laïcité, qui implique selon lui également la « discrétion religieuse », et donc le bannissement des signes ostentatoires d'appartenance à une religion dans la plupart des lieux.

En ce qui concerne les sujets sociétaux, Éric Zemmour ne compte pas remettre en question l'avortement ni le mariage homosexuel. En revanche, il est pour l'arrêt de l'extension des droits accordés aux LGBTQIA+, et n'est pas favorable à la PMA sans père. Il dit être philosophiquement en faveur de la peine de mort, mais ne compte pas la réinstaurer.

Marine Le Pen

Politique générale de l'État

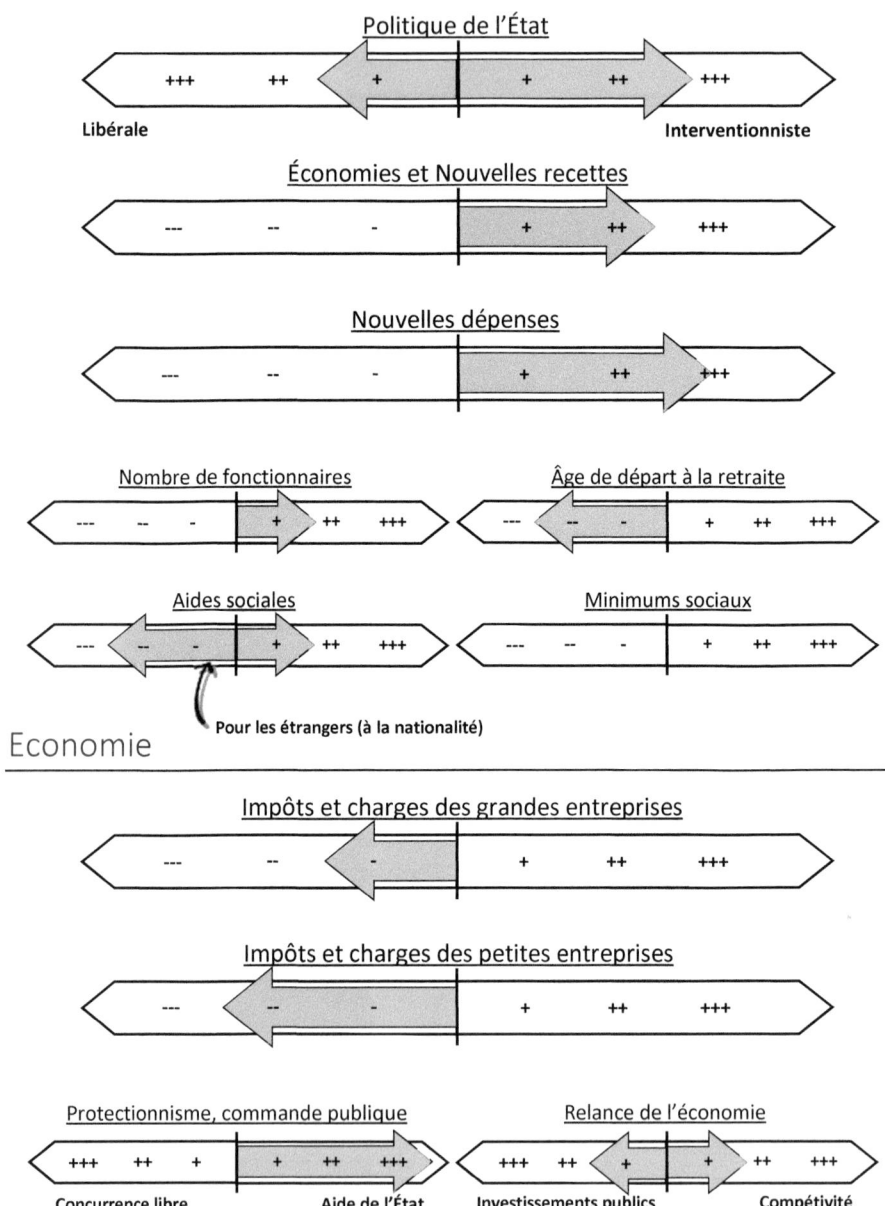

Une France libérale, mais pas déloyale
• Revoir certaines règles du libéralisme données par l'Union Européenne, pour se redonner les moyens d'intervenir quand il le faut dans l'économie, et appliquer une politique économique de préférence nationale

Revoir les priorités :
Economiser à certains endroits pour dépenser ailleurs
• Rétablir l'Impôt sur la fortune (ISF).
• Diminuer la contribution de la France au budget de l'Union européenne.
• Réserver les aides sociales aux Français, et conditionner à 5 années de travail en France l'accès aux prestations de solidarité pour les étrangers
• Créer un ministère de la lutte contre les fraudes (fiscales, aux cotisations et prestations sociales, aux importations, ententes, etc.)
• Prendre de nombreuses mesures pour le pouvoir d'achat des Français
• Investir massivement dans la santé et l'accompagnement des plus âgés
• Investir dans la justice et la sécurité pour reprendre le contrôle sur l'immigration et rétablir l'ordre
• Instaurer la retraite à 60 ans **et** quarante annuités
• Permettre aux entreprises de relocaliser en rendant la fiscalité française plus compétitive

Revoir la place de la France dans le monde
• Créer un ministère d'État de la France d'Outre-mer, et adopter une loi-programme sur 15 ans pour le développement des Outre-mer
• Modifier la Constitution pour faire prévaloir le droit national sur le droit international
• Sortir du commandement militaire intégré de l'OTAN. Lever les sanctions européennes contre les responsables russes
• Porter le budget de la défense à 55 milliards d'euros à l'horizon 2027
• Consolider les partenariats stratégiques et les alliances lointaines, et garder à l'esprit les intérêts de la France et des Français

Permettre la relocalisation et la création d'emplois en France
• Exonérer pendant cinq ans de l'impôt sur les sociétés les entrepreneurs de moins de 30 ans
• Mettre en place le patriotisme économique pour réindustrialiser et produire les richesses en France
• Donner la priorité aux PME françaises pour les marchés publics
• Supprimer la Cotisation Foncière des Entreprises (CFE) qui pénalise les PME-TPE locales, la C3S dans les zones de relocalisation et baisser les impôts de production
• Revoir les accords de libre-échange qui ne vont pas dans l'intérêt de la France
• Supprimer l'IFI qui taxe l'enracinement et créer un IFF, impôt sur la fortune financière, pour taxer la spéculation

Protéger des secteurs stratégiques
• Garantir aux paysans des prix respectueux de leur travail et mettre un terme aux marges abusives de la grande distribution
• Interdire les importations de produits agricoles ne respectant pas les normes de production française.
• Mettre en place un grand plan pour le tourisme, l'aménagement du territoire et les métiers associés (hébergement, restauration)

Éducation, enseignement supérieur et recherche

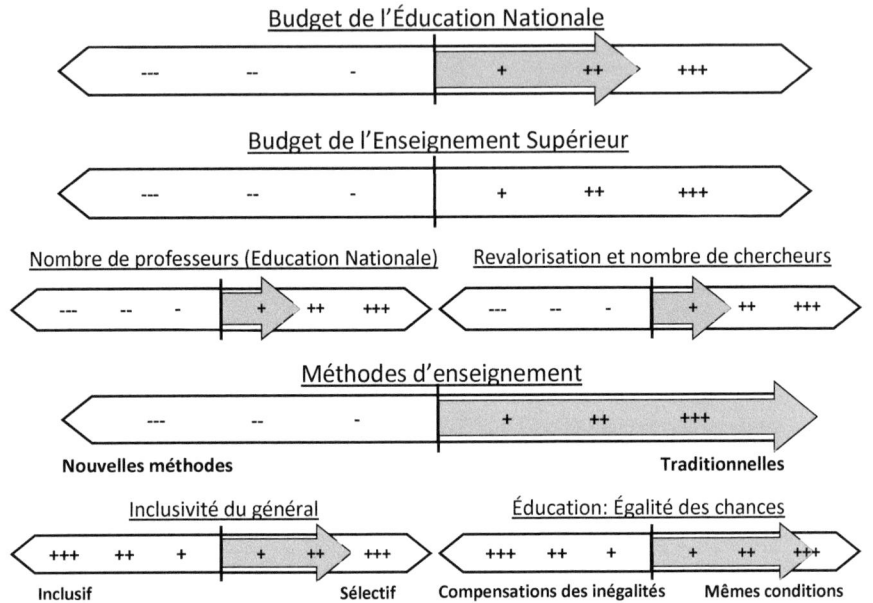

Sécurité et Justice

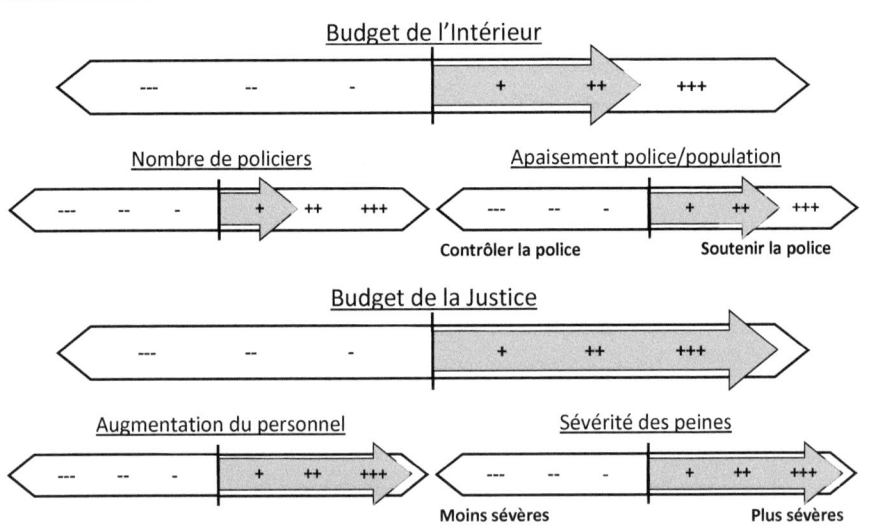

Une France qui transmet et se transmet
- Revaloriser les salaires des enseignants et refonder leur formation
- (2017) Rétablir une véritable égalité des chances en retrouvant la voie de la méritocratie républicaine
- (2017) À l'université, passer d'une sélection par l'échec à une sélection au mérite, refuser le tirage au sort comme moyen de sélection, revaloriser les bourses au mérite
- (2017) Défendre le modèle d'enseignement supérieur français, qui passe par la complémentarité de l'université et des grandes écoles

Une école traditionnelle du respect
- Rétablir l'autorité de l'institution scolaire par l'instauration d'un uniforme au primaire et au collège tout en sanctionnant les absences et les incivilités
- Supprimer la bureaucratie de l'Éducation Nationale pour libérer des moyens financiers, réduire les effectifs des classes et arrêter les fermetures d'écoles
- Remettre au cœur des programmes l'enseignement du français, des mathématiques et de l'histoire
- Promouvoir le roman national

Une revalorisation de l'apprentissage et du travail manuel
- (2017) Développer les formations professionnalisantes dans l'artisanat, le secteur public et privé et rendre la formation professionnelle plus efficace, moins opaque et moins coûteuse
- (2017) Revaloriser le travail manuel par l'établissement de filières professionnelles d'excellence (suppression progressive du collège unique, autorisation de l'apprentissage à partir de 14 ans)
- (2017) Développer des lycées professionnels ou technologiques de la seconde chance pour les élèves sans diplôme

Donner les moyens de rétablir l'ordre
- Augmenter par une loi de programmation pour la sécurité et la justice le budget de 1,5 milliard d'euro par an, et augmenter les moyens matériels
- Créer 7000 postes de policiers et gendarmes, 3000 postes de personnels administratifs
- Doubler le nombre de magistrats pour le porter à 20 000, et construire 25 000 places de prison pour atteindre 85 000 en 2028

Soutenir la police moralement et juridiquement
- Instaurer présomption de légitime défense pour policiers
- Rétablir les peines plancher, et supprimer toute possibilité de réduction et d'aménagement des peines, en particulier pour les violences contre les personnes
- Recourir à de courtes peines d'emprisonnement, et sanctionner les atteintes aux représentants de l'autorité publique

Reprendre le contrôle de tout le territoire
- (2017) Mettre en place un plan de désarmement des banlieues concernées et de reprise en main par l'État des zones de non-droit
- Fermer toutes les mosquées extrémistes recensées par le ministère de l'Intérieur, et interdire tout financement public des lieux de culte
- Lutter contre les filières djihadistes : déchéance de la nationalité française, expulsion et interdiction du territoire pour tout binational lié à une filière djihadiste

Immigration

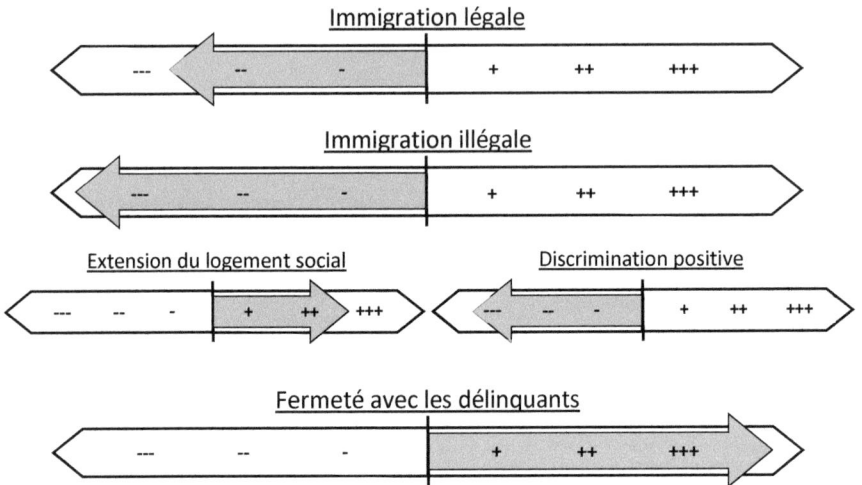

Pouvoir d'achat

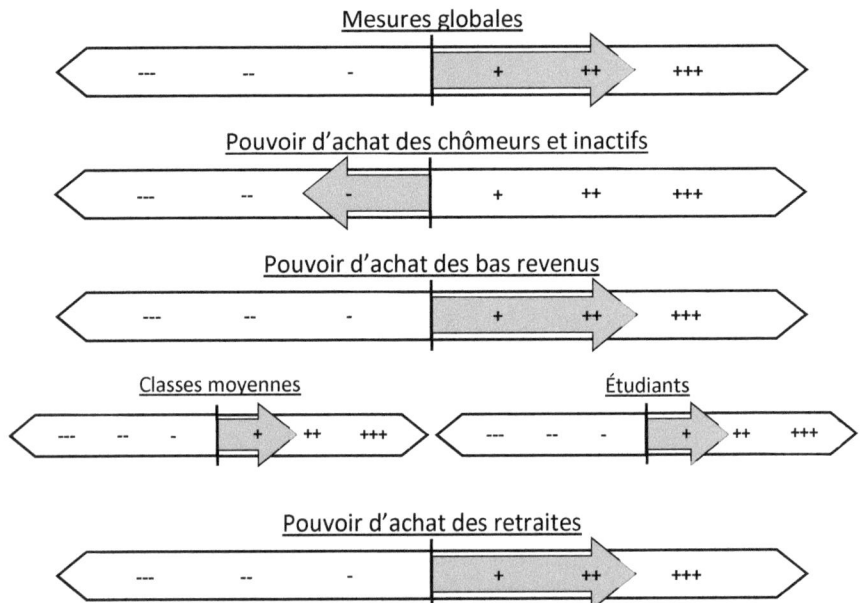

Eliminer les incitations
- Réserver les aides sociales aux Français, et conditionner à 5 années de travail en France l'accès aux prestations de solidarité
- Assurer la priorité nationale d'accès au logement social et à l'emploi
- Renvoyer tout étranger n'ayant pas travaillé depuis un an en France
- Supprimer le droit du sol et limiter l'accès à la nationalité sur des critères de mérite et d'assimilation

Arrêter l'immigration incontrôlée en donnant la parole aux Français par référendum
- Mettre fin à l'immigration de peuplement et au regroupement familial
- Traiter les demandes de droit d'asile uniquement à l'étranger
- (2017) Restaurer le contrôle permanent aux frontières nationales
- (2017) Reconstituer les effectifs supprimés dans les douanes par le recrutement de 6 000 agents
- Expulser systématiquement les clandestins, délinquants et criminels étrangers
- (2017) Réduire drastiquement les quotas de l'immigration légale

Réduire les dépenses inévitables et augmenter les petits salaires
- Baisser la TVA de 20% à 5.5% sur les produits énergétiques (carburants, fioul, gaz et électricité)
- Renationaliser les autoroutes pour baisser de 15% le prix des péages
- Privatiser l'audiovisuel public pour supprimer les 138€ de redevance annuels
- Augmenter tous les salaires de 10% jusqu'à trois fois le SMIC, sans hausse des cotisations patronales

Aider les jeunes et les familles
- Verser une prime de 200 euros aux étudiants qui travaillent et valident leurs semestres, jusqu'à 300 euros pour les boursiers
- Exonérer pendant cinq ans de l'impôt sur le revenu les personnes de moins de 30 ans.
- Construire 100 000 logements sociaux par an dont 20 000 en faveur des étudiants et jeunes travailleurs
- Exonérer de droits de succession les biens immobiliers jusqu'à 300 000 euros
- Instituer une part fiscale complète dès le deuxième enfant, et doubler le soutien aux mères isolées
- Créer un prêt à 0% pour les jeunes familles françaises transformé en subvention pour les couples qui auront un 3ème enfant

Lutter contre la précarité des retraités
- Restaurer la demi-part fiscale en faveur des veuves et veufs
- Revaloriser le minimum vieillesse à 1 000 € par mois et augmenter les petites retraites
- Exonérer les donations des parents et des grands-parents à leurs enfants et petits-enfants jusqu'à 100 000€ par enfant tous les dix ans.

Écologie

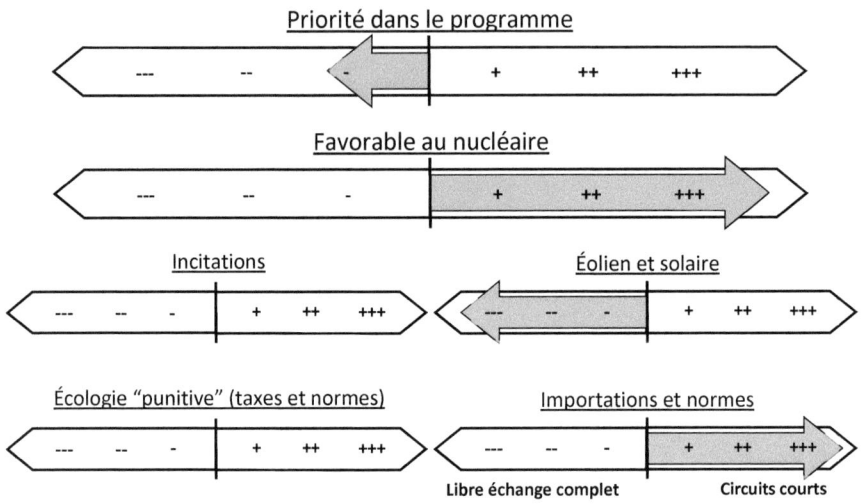

Santé

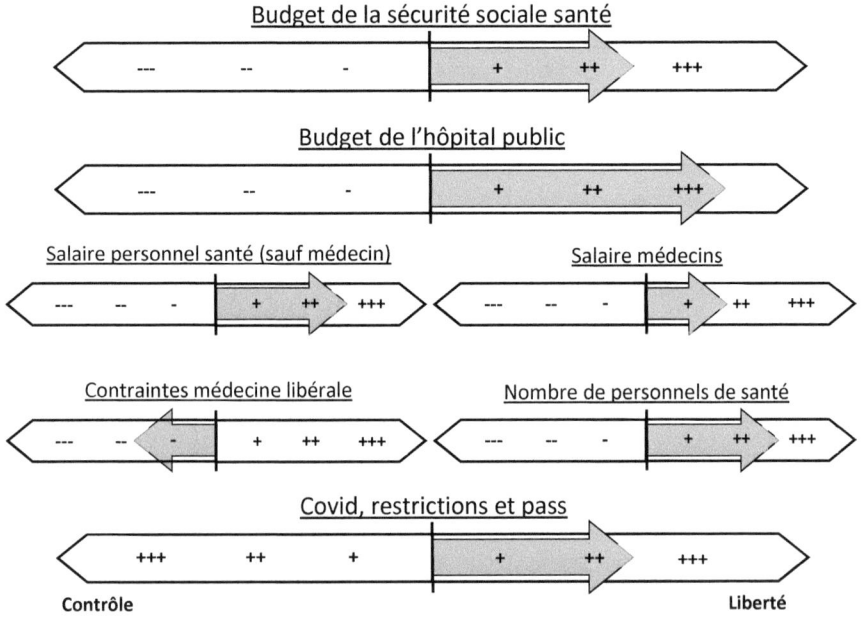

L'écologie n'est pas oubliée, et passe en partie par le nucléaire
- Rendre aux ménages les 5 milliards d'euro de subventions dédiés notamment aux éoliennes, arrêter les projets éoliens et démanteler progressivement les parcs existants
- (2017) Développer massivement les filières françaises des énergies renouvelables (solaire, biogaz, bois...) grâce au protectionnisme, au patriotisme économique, à l'investissement public et privé et aux commandes d'EDF
- Relancer la filière nucléaire, hydroélectrique, investir dans la filière hydrogène et engager le Grand Carénage
- Rouvrir la centrale nucléaire de Fessenheim (Haut-Rhin), et construire six nouveaux réacteurs EPR
- Relancer « Astrid », un programme de recherche sur le traitement des déchets nucléaires
- Soutenir une filière française de l'hydrogène, par un appui de l'État en matière de recherche et développement
- Réfléchir à la mise en œuvre d'une partie réservée aux animaux dans le Code Civil, et mettre en place un « plan abattoirs » pour assurer des conditions dignes

Contrôler le libre échange
- Interdire les importations de produits agricoles ne respectant pas les normes de production françaises
- (2017) Produire et consommer au plus près et retraiter sur place en imposant des normes contre le dumping social, sanitaire et environnemental
- Généraliser l'étiquetage sur l'origine et la qualité des produits alimentaires

Notre système de santé : réagir à l'urgence
- Lancer un plan de soutien d'urgence pour la santé de 20 milliards d'euro
- Arrêter les fermetures des lits à l'hôpital public et des maternités
- Revaloriser les salaires des personnels soignants à hauteur de leur travail et réduire à 10% la part de postes administratifs dans les hôpitaux
- Créer 10 000 places supplémentaires dans les établissements de formations des infirmières et aides-soignantes (IFSI) (Source incertaine)
- Agir contre les déserts médicaux grâce à des incitations financières fortes pour les soignants. Supprimer les ARS et augmenter le nombre de maisons de santé.
- Investir dans les technologies de santé et rapatrier la fabrication des médicaments

Revoir le système de santé
- Donner plus de place à la prévention, notamment grâce aux visites médicales scolaires
- Accroître le « temps médical » du praticien en élargissant les tâches des pharmaciens, sage-femmes, infirmiers ou assistantes sociales
- Remplacer la tarification à l'acte par une dotation globale, et développer la télémédecine
- Modifier l'aide médicale d'État, pour ne prendre en charge que les soins urgents
- Créer un ministère de la fraude sociale

De la dignité pour nos aînés
- Accroître la présence de personnel médical dans les EHPADs
- Créer à l'hôpital une filière distincte pour les personnes âgées
- Créer une indemnité de 300 euro mensuels pour les personnes faisant le choix de vivre au domicile d'un proche dépendant ou de l'accueillir dans leur domicile.

Remarques

Comme pour tous les programmes, nous avons cherché à rester concis. Néanmoins, voici quelques points que l'on aurait pu aborder.

Le programme du Rassemblement National est à ce jour du 7 Février 2022 disponible sous le nom « 22 mesures pour 2022 » et apparaît sur le site « M la France ». Puisque succinct et non exhaustif, il nous a parfois fallu trouver ailleurs les réponses du Rassemblement National sur différents sujets, ou piocher dans le programme pour l'élection présidentielle 2017 lorsque nous ne trouvions pas de proposition précise et détaillée. Nous ne sommes pas parvenus à accéder au chiffrage du programme. Les valeurs des flèches ont par conséquent parfois été inférées à partir de l'esprit des différentes mesures.

Les thèmes les plus présents dans le programme, mais également dans le discours de Marine Le Pen, sont l'immigration et le pouvoir d'achat, en particulier des personnes en difficulté mais qui travaillent ou ont travaillé. Cette catégorie inclut les étudiants, les personnes actuellement rémunérées mais dont la rémunération ne permet pas de vivre dignement, ou les retraités qui touchent des pensions peu élevées.

Un thème récurrent également est la remise en cause du libre-échange tel que nous le connaissons actuellement. Le retour aux frontières ne concerne pas seulement les personnes, mais aussi les marchandises. Marine Le Pen souhaite contrôler et taxer davantage les échanges internationaux lorsque cela lui semble utile, dans l'objectif de favoriser les circuits courts, la production française et l'emploi français. Pour ce faire, il sera nécessaire d'entamer des discussions sérieuses avec l'Union Européenne ou de passer par des référendums, choses qu'elle s'apprête à faire.

En ce qui concerne les sujets sociétaux, Marine Le Pen s'oppose à la PMA sans père. Elle est en faveur du droit à l'avortement, mais s'est exprimée à de nombreuses reprises pour défendre le fait que celui devrait être utilisé aussi rarement que possible.

IV - Quiz

Attention : Nous avons essayé d'être totalement objectifs pour les fiches thématiques et les programmes des candidats. Il est beaucoup plus difficile d'être objectif dans l'élaboration d'un quiz (choix des questions, formulations des réponses, attribution des points …). Contrairement aux programmes des candidats et aux fiches thématiques, ce quiz contient nécessairement une part de subjectivité. Par conséquent, ce quiz est présent pour satisfaire votre curiosité et n'est en aucun cas une recommandation de vote.

Questions :
Nous vous conseillons de noter vos réponses sur un papier.

1. Priorité
    a. L'économie se porte bien, la France est un pays riche. Il y a surtout un problème de répartition et de priorités.
    b. Il faut relancer l'économie, sinon nous serons contraints de réduire notre niveau de vie ou d'emprunter.

2. Interventionnisme ou libéralisme économique
    a. Je pense que ce sont les entreprises qui peuvent relancer l'économie.
    b. Je pense que l'État a un rôle à jouer dans la relance de l'économie.
    c. Je pense que l'État a un rôle important à jouer dans la relance de l'économie.

3. Interventionnisme de l'État dans la société
    a. Je pense que l'État se mêle de trop de choses.
    b. Je pense qu'il est normal que l'État établisse des normes et des contraintes, et vérifie qu'elles soient respectées.

4. Dette publique
    a. La dette publique est une priorité. Nous avons atteint un record sous le mandat d'Emmanuel Macron, il faut absolument la réduire.
    b. Il est important de garder en tête que nous sommes déjà endettés.
    c. La dette n'est pas la source principale de nos problèmes et il ne faut pas qu'elle nous paralyse.

5. Industrie

- a. Il faut relancer l'industrie dans notre pays. Elle est créatrice de richesse, et notre déficit du commerce extérieur est un handicap majeur.
- b. Nous avons une industrie comparable à d'autres pays développés, et je pense que nous avons d'autres priorités plus importantes.

6. Revenus du chômage (Facultatif)
   - a. Je pense qu'il faut aider les chômeurs et inactifs. Il n'y a plus d'emplois en France.
   - b. Je pense qu'augmenter l'écart entre le travail et l'inactivité peut parfois encourager à travailler.

7. Immigration légale
   - a. L'immigration est une chance pour la France, et la francophonie est une de nos forces. La priorité, c'est d'assurer des conditions décentes pour toutes les personnes qui souhaitent venir en France et de ne pas faire de discrimination.
   - b. Nous avons une forte immigration, mais il est possible de la contrôler.
   - c. L'immigration est à un niveau beaucoup trop élevé. L'impact culturel sur notre société est très important, et il nous faut maintenant la diminuer très fortement pour permettre à nouveau l'assimilation.

8. Immigration illégale
   - a. L'immigration illégale n'est pas un problème. Les personnes qui sont sur notre sol doivent être régularisées, et il faut offrir des conditions décentes à quiconque veut rejoindre la France.
   - b. Il faut reprendre le contrôle de l'immigration illégale et faire appliquer la loi. La France n'a plus les moyens d'accueillir tout le monde.
   - c. Il faut absolument réduire l'immigration illégale et expulser les personnes qui ne sont pas en règles. L'immigration illégale est tellement importante que certaines régions sont complètement submergées.

9. Lien insécurité immigration
   - a. Je pense qu'il y a un lien fort entre l'insécurité et l'immigration.
   - b. Je pense qu'il y a un lien entre l'insécurité et l'immigration.
   - c. Je pense qu'il n'y a pas de lien entre insécurité et immigration. Les causes sont ailleurs.

10. Islam
    - a. Je pense que l'Islam pose plus de problèmes en France que les autres religions.
    - b. Je pense que l'Islam est une religion comme une autre. Il y a des extrémistes dans toutes les religions.

11. Sécurité
    a. Je pense qu'il y a un effet de loupe médiatique. Nous n'étions pas vraiment plus en sécurité avant.
    b. Je pense que la sécurité s'est dégradée.
    c. Je pense que la sécurité doit être rétablie et que c'est une urgence.

12. Justice
    a. Je pense qu'il y a un effet de loupe médiatique, que ce n'est pas pire qu'autrefois.
    b. Je pense que la justice n'a plus les moyens de faire appliquer la loi.
    c. Je pense que la justice n'a plus les moyens de faire appliquer la loi, et qu'il faudrait parfois durcir un peu la loi.

13. Méthodes à l'école (Facultatif)
    a. Je pense qu'il faut revenir à des méthodes plus traditionnelles.
    b. Je pense que les méthodes actuelles sont meilleures et qu'il faut continuer d'innover.

14. Filières générales ou spécifiques
    a. Je pense qu'il faut que les études générales soient plus sélectives, et proposer des voies professionnalisantes lorsque c'est plus adapté.
    b. Je pense qu'il faut qu'autant de gens que possible fassent des études générales jusqu'à un âge avancé.

15. Enseignement supérieur (Facultatif)
    a. Je pense qu'il faut réserver les études générales aux bons élèves, beaucoup d'étudiants ne finissent pas leurs études. Mieux vaut les orienter différemment.
    b. Je pense qu'il y a un surtout un problème de moyens à l'université.

16. Recherche
    a. Je pense qu'il nous faut davantage investir dans la recherche.
    b. Je pense que ce n'est pas la priorité.

17. Hôpital
    a. Je pense que l'hôpital est dans une situation désastreuse et que c'est une urgence.
    b. Je pense que l'hôpital est dans une situation assez mauvaise et qu'il faut faire quelque chose.

18. Age de départ à la retraite
    a. Je pense que repousser l'âge de départ à la retraite nous permettra de préserver le système et de faire des économies importantes que l'on pourra dépenser ailleurs.
    b. Je pense que l'âge de départ à la retraite est adapté.
    c. Je pense qu'il faut réduire l'âge de départ à la retraite.

19. Écologie
    a. Nous devons repenser notre société en profondeur pour répondre aux problèmes posés par l'écologie.
    b. Je pense que l'écologie est importante, mais que la France a déjà un assez bon comportement.

20. Nucléaire
    a. Je suis favorable au nucléaire qui est une énergie décarbonée.
    b. Je ne suis pas favorable au nucléaire qui comporte des défauts majeurs.

21. Chiffrage
    a. Je pense qu'il est important qu'un programme soit chiffré.
    b. Je pense que ce n'est pas gênant qu'un programme ne soit pas chiffré.

Résultats :

Nous vous conseillons de représenter un tableau de la forme suivante pour attribuer les points, car certaines réponses retirent des points.

Jean-Luc Mélenchon	Yannick Jadot	Valérie Pécresse	Éric Zemmour	Marine Le Pen
2	1 +1	1 +1	1 +1	1 +1
3	2 +1	2 -1	2 +1	2 +1
4	3 +1	1 +1	3 +1	3 +1
3	4 -1	2 +1	4	4
4	+1	3 +1		
		4		

80

1.
   a. 1 point pour Jean-Luc Mélenchon, Yannick Jadot et Marine Le Pen.
   b. 1 point Valérie Pécresse et Éric Zemmour.

2.
   a. 1 point pour Valérie Pécresse.
   b. 1 point pour Yannick Jadot et Éric Zemmour.
   c. 1 point pour Marine Le Pen et Jean-Luc Mélenchon.

3.
   a. 1 point pour Valérie Pécresse et Éric Zemmour et Marine Le Pen.
   b. 1 point pour Jean-Luc Mélenchon, Yannick Jadot.

4.
   a. 1 point pour Valérie Pécresse.
   b. 1 point pour Éric Zemmour.
   c. 1 point pour Jean-Luc Mélenchon, Yannick Jadot et Marine Le Pen.

5.
   a. 1 point pour Éric Zemmour.
   b. 1 point pour Jean-Luc Mélenchon, Yannick Jadot, Valérie Pécresse et Marine Le Pen.

6.
   a. 1 point pour Jean-Luc Mélenchon, Yannick Jadot et retirez 1 point à Valérie Pécresse
   b. 1 point pour Valérie Pécresse et retirez 1 point à Jean-Luc Mélenchon et Yannick Jadot.

7.
   a. 1 point pour Jean-Luc Mélenchon et Yannick Jadot, retirez 1 point à Éric Zemmour et Marine Le Pen.
   b. 1 point pour Valérie Pécresse.
   c. 1 point pour Éric Zemmour et Marine Le Pen, retirez 1 point à Jean-Luc Mélenchon et Yannick Jadot.

8.
   a. 1 point pour Jean-Luc Mélenchon et Yannick Jadot.
   b. 1 point pour Valérie Pécresse.
   c. 1 point pour Éric Zemmour et Marine Le Pen.

9.

- a. 1 point pour Éric Zemmour et Marine Le Pen.
- b. 1 point pour Valérie Pécresse.
- c. 1 point pour Jean-Luc Mélenchon et Yannick Jadot.

10.
- a. 1 point pour Éric Zemmour et Marine Le Pen.
- b. 1 point pour Jean-Luc Mélenchon, Yannick Jadot et Valérie Pécresse.

11.
- a. 1 point pour Jean-Luc Mélenchon et Yannick Jadot.
- b. 1 point pour Valérie Pécresse.
- c. 1 point pour Éric Zemmour et Marine Le Pen.

12.
- a. 1 point pour Yannick Jadot et Jean-Luc Mélenchon.
- b. 1 point pour Valérie Pécresse.
- c. 1 point pour Éric Zemmour et Marine Le Pen.

13. (Facultatif)
- a. 1 point pour Éric Zemmour et Marine Le Pen, retirez 1 point à Jean-Luc Mélenchon et Yannick Jadot.
- b. 1 point pour Jean-Luc Mélenchon et Yannick Jadot, retirez 1 point à Éric Zemmour et Marine Le Pen.

14.
- a. 1 point pour Valérie Pécresse, Éric Zemmour et Marine Le Pen.
- b. 1 point pour Jean-Luc Mélenchon et Yannick Jadot.

15. (Facultatif)
- a. 1 point pour Yannick Jadot, Valérie Pécresse, Éric Zemmour et Marine Le Pen.
- b. 1 point pour Jean-Luc Mélenchon.

16.
- a. 1 point pour Jean-Luc Mélenchon, Yannick Jadot et Éric Zemmour.
- b. 1 point pour Valérie Pécresse et Marine Le Pen.

17.
- a. 1 point pour Jean-Luc Mélenchon et Marine Le Pen.
- b. 1 point pour Yannick Jadot, Valérie Pécresse et Éric Zemmour.

18.

- a. 1 point pour Valérie Pécresse et Éric Zemmour.
- b. 1 point pour Yannick Jadot.
- c. 1 point pour Jean-Luc Mélenchon et Marine Le Pen.

19.
- a. 1 point pour Jean-Luc Mélenchon et Yannick Jadot.
- b. 1 point pour Valérie Pécresse, Éric Zemmour et Marine Le Pen.

20.
- a. 1 point pour Valérie Pécresse, Éric Zemmour et Marine Le Pen. Retirez 1 point à Jean-Luc Mélenchon et Yannick Jadot.
- b. 1 point pour Jean-Luc Mélenchon et Yannick Jadot. Retirez un point à Valérie Pécresse, Éric Zemmour et Marine Le Pen.

21.
- a. 1 point à Jean-Luc Mélenchon, Valérie Pécresse et Éric Zemmour. Retirez 1 point à Yannick Jadot et Marine Le Pen.
- b. Ne rien faire.

V – Sources

IV-A : Fiches thématiques

Dans cette section, nous citons les sources que nous avons utilisées pour l'élaboration des fiches thématiques. Nous insistons davantage sur les données controversées ou difficiles à trouver.

1. Répartition des dépenses de l'État en pourcentage du PIB :
   - Gouv.fr, catégorie « panorama des finances publiques »
   - INSEE, numéro 1860 paru le 28/05/2021

2. Taux de prélèvements et de dépenses publiques
   - OCDE 2020 (France à 45% de prélèvements)
   - Eurostat (France à 62% de dépenses publiques)

3. Répartition des revenus de l'État par nature
   - Site officiel « vie-publique.fr », section « Les ressources de l'État »
   - Rapport numéro 1699 de l'Assemblée Nationale : https://www.assemblee-nationale.fr/dyn/15/rapports/cion_fin/l15b1699_rapport-fond

4. Chiffres de la dette
   - Eurostat
   - INSEE, Informations rapides numéro 328
   - Statista

5. Recettes, dépenses et déficit de l'État (les chiffres varient légèrement selon la méthode de calcul, mais la tendance reste la même)
   - INSEE
   - Banque de France
   - Eurostat

6. L'emploi et le taux d'activité dans l'Union Européenne
   - Banque mondiale
   - Eurostat données numéro TEPSR_WC160
   - Eurostat données numéro TPS00203
   - Eurostat données numéro TIPSLM15 (non cité dans le livre, mais informe que 37% de la population totale française est active contre 47% en Allemagne)

7. Production industrielle
   - Nous avons utilisé le pourcentage donné par WorldBank, puis multiplié par le PIB. (ID : NV.IND.MANF.ZS)

8. Part de l'industrie manufacturière, comparaison par pays
   - OCDE 2020

9. Part de l'industrie, évolution
   - Banque mondiale 2022

10. Part de l'exportation française dans le marché mondial :
    - Outil d'analyse statistique mis à disposition par l'Université d'Harvard : atlas.cid.harvard.edu

11. Déficit du commerce extérieur
    - INSEE « Solde de la balance commerciale en biens »

12. Espérance de vie et espérance de vie en bonne santé
    - OMS
    - INSEE (statistiques d'Etat civil)

13. Dépenses de santé en pourcentage du PIB
    - OCDE « Dépenses de santé et financement »

14. Mortalité lors d'un cancer
    - ECIS – European Cancer Information System

15. Délais pour un rendez-vous
    - DREES numéro 1085

16. Temps d'attente de quatre semaines ou plus pour un rendez-vous chez un spécialiste
    - OCDE : https://doi.org/10.1787/health_glance-2011-59-fr

17. Sécurité sociale, remboursements Insuline, Amoxicilline, Zoloft, monture de lunettes, couronne dentaire
    - Calculs réalisés à partir des remboursements donnes sur ameli.fr et de devis de lunettes et de couronnes dentaires.

18. Solde migratoire de 2006 à 2017

- INSEE, « estimations de population, des flux d'entrées et de sorties », paru le 07/04/2021

19. Immigration par nature
    - Ministère de l'intérieur « L'essentiel de l'immigration n°2021-65 », dont les statistiques proviennent de : AGDREF/DSED (année 2019)

20. Comprendre les flux migratoires légaux
    - Ministère de l'intérieur « L'essentiel sur l'immigration n 2022-77 », dont les statistiques proviennent de : SDV-DSED

21. Pourcentages d'immigrés par région et provenance
    - Ministère de l'intérieur, « Les chiffres clés de l'immigration 2020 », ISBN : 978-2-11-167421-9

22. Une surdélinquance parmi les étrangers ?
    - Ministère de la Justice – Assemblée nationale
    - Cahiers d'études pénitentiaires et criminologiques, numéro 25

23. Dépenses en éducation
    - Banque mondiale

24. Dépenses en étudiant au primaire, collège et lycée par pays
    - OCDE, ISU
    - Eurostat

25. Écarts de salaire à la première embauche et en fin de carrière
    - Grilles disponibles sur education.gouv.fr
    - Les écoles INSA et EDHEC ont été choisies pour la comparaison dans le cas d'un professeur certifié, l'ENSIMAG a été choisie pour la comparaison dans le cas d'un professeur agrégé

26. Réussites en licence
    - Note ministérielle numéro 18 « Parcours et réussite en licence et en PACES : les résultats de la session 2016 »

27. Budget par étudiant, comparaison entre l'Université de Heidelberg et la Sorbonne
    - Nous avons simplement divisé le budget de ces universités par leurs nombres d'étudiants

28. Comparaison du salaire des enseignants-chercheurs

- Statistics Canada Table: 37-10-0108-01 (formerly CANSIM 477-0123)
- Etude du CUPA-HR (University Professional Association for Human Ressources)
- Etude de National Academies of Sciences, Engineering and Medicine
- Commission européenne 2007
- INOMICS job market report

29. Pourcentage d'étudiants en apprentissage
    - OCDE
    - Ministère de l'éducation

30. Et 29.(bis) Investissements dans la recherche, l'innovation et le développement en pourcentage du PIB et en chiffres bruts
    - OCDE (2022), Gross domestic spending on R&D (indicator). doi: 10.1787/d8b068b4-en
    - WorldBank ID: GB.XPD.RSDV.GD.ZS
    - www.research-in-germany.org
    - MESRI-DGESIP/DGRI-SIES: Nature et origine des ressources de la recherche publique en 2018

31. Anomalies des températures
    - Les sources sont sur le graphique : GISS-NASA, NOAA, Hadley Center

32. Et 31.(bis) Mix énergétique français et ensemble de l'énergie consommée
    - Ministère de la transition écologique : Chiffres clés de l'énergie Édition 2020

33. CO_2 par habitant : les résultats diffèrent légèrement selon les sources, mais la tendance reste la même
    - OCDE "greenhouse gas emission" champ "Total GHG excl. LULUCF per capita"
    - Emission Database for Global Atmospheric Research (EDGAR)

34. Statistiques sur les violences sexuelles et non sexuelles, normalisées et brutes
    - Ministère de l'intérieur, data.gouv.fr : « Crimes et délits enregistrés par les services de gendarmerie et de police depuis 2012 », accessible à https://www.data.gouv.fr/fr/datasets/r/d792092f-b1f7-4180-a367-d043200c1520
    - Nous avons obtenu les données normalisées en les calculant à partir des données brutes

- Nous vous conseillons de consulter même brièvement ces statistiques, qui sont extrêmement complètes.

35. Statistiques sur les vols et cambriolages, normalisées et brutes
    - Ministère de l'intérieur, data.gouv.fr : « Crimes et délits enregistrés par les services de gendarmerie et de police depuis 2012 », accessible à https://www.data.gouv.fr/fr/datasets/r/d792092f-b1f7-4180-a367-d043200c1520
    - Nous avons obtenu les données normalisées en les calculant à partir des données brutes.

36. Statistiques sur les incarcérations et la durée des peines
    - Ministère de la Justice, « Les chiffres-clés de la Justice 2019 ». ISBN 978-2-11-155818-2

37. Comparaisons des populations carcérales
    - World Prison Brief, université de Londres, 2016

IV-B Programmes des candidats

Dans cette section, nous citons les sources que nous avons utilisées pour l'élaboration de la section consacrée aux programmes des candidats. Toutes les sources potentielles qui ne sont pas présentes ici ont été ignorées. Ceci inclut tous les journalistes, tous les journaux, toutes les chaines télévisées, et tous les médias disponibles sur les réseaux sociaux. Nous n'avons également pas tenu compte des propos des opposants politiques, ni des membres d'associations qui soutiennent le candidat, ni même des soutiens politiques ou membres du parti.

➢ Jean-Luc Mélenchon :

Nous avons consulté le livre programme « l'Avenir en commun ». Nous avons également tenu compte des propos directs tenus par Jean-Luc Mélenchon, et des propositions qui apparaissent dans les fiches thématiques disponibles sur le site officiel « Melenchon2022.fr ».

➢ Yannick Jadot :

Nous avons consulté la synthèse du programme « Changer la France pour vivre mieux, changeons ». Nous avons également tenu compte des propos directs tenus par Yannick Jadot, et des propositions qui apparaissent dans « axes du programme » disponibles sur le site officiel « Jadot2022.fr ».

➢ Valérie Pécresse :

Nous avons consulté le projet « Le courage de dire et la volonté de faire » disponible sur le site « https://www.valeriepecresse.fr/ ». Nous avons également tenu compte des propos directs tenus par Valérie Pécresse. Lorsque nous n'avions pas toutes les réponses à nos questions, nous nous sommes référés au programme « Notre projet pour la France, 2022 » disponible sur le site « republicains.fr », parti dont elle est la candidate.

➢ Éric Zemmour :

Nous avons consulté le projet rédigé par thèmes sur le site « programme.zemmour2022.fr ». Nous avons également tenu compte des propos directs d'Éric Zemmour, en particulier lors de ses meetings politiques. Nous n'avons pas tenu compte des propos tenus pendant les cérémonies de promotion de son livre, puisqu'il n'était alors pas candidat.

➢ Marine Le Pen :

Nous avons consulté le programme « 22 mesures pour 2022 » disponible sur le site « MlaFrance.fr ». Nous avons également tenu compte des propos directs tenus par Marine Le Pen, ainsi que des livrets thématiques disponibles sur le site susmentionné. Lorsque nous n'avions pas toutes les réponses à nos questions, nous nous sommes référés au programme de 2017 « 144 engagements présidentiels » disponible sur le site « rassemblementnational.fr ».